Die Periodoniken

Die Periodoniken

Ein Beitrag zur Geschichte der gymnischen Agone
an den 4 griechischen Hauptfesten.

von

Rudolf Knab

ARES PUBLISHERS INC.
CHICAGO   MCMLXXX

Exact Reprint of
The Edition:
Gießen 1934
Ares Publishers Inc.
612 N. Michigan Avenue
Chicago, Illinois 60611
Printed in the United States of America
International Standard Book Number
0-89005-330-8

Inhaltsübersicht.

	Seite
Literatur- und Abkürzungsverzeichnis	VII
Einleitung	1
I. Allgemeine Ergebnisse	4
A. Begriff der Periodos	4
B. Kampfarten der Periodos	5
C. παιδικὴ περίοδος und περίοδος ἐν περιόδῳ	8
D. ¾ Periodos der Eleer	9
E. Epitheta der Periodoniken	10
II. Liste der Periodoniken	16
(chronologisch geordnet von saec. VI v. Chr. — saec. III n. Chr.)	
Alphabetisches Verzeichnis aller genannten Athleten	48
III. Tabelle der Periodoniken	50
(Zeitliche Reihenfolge der Siege; Kampfart, Kampfort, Altersklasse).	
IV. Anhang	77
A. Zahlenmäßige Übersicht der Kampfarten (chronologisch)	77
B. Nachträge	80

Meinen Eltern!

Literatur- und Abkürzungsverzeichnis.

C. I. G.	=	Corpus inscriptionum Graecarum, ed. August Boeckh. (1828—77).
I. G.	=	Inscriptiones Graecae, consilio et auctoritate academiae litterarum Borussicae editae. Berolini.
Inschr. Ol.	=	Inschriften von Olympia, bearbeitet von W. Dittenberger und K. Purgold. Berlin 1896.
Or. Gr. I.	=	Orientis Graeci Inscriptiones, ed. W. Dittenberger. Leipzig 1903—05.
B. C. H.	=	Bulletin de correspondence héllénique.
F. G. H.	=	Fragmente griech. Historiker, ed. Jacoby.
Anth. lyr.	=	Anthologia lyrica Graeca ed. Diehl.
Syll.[3]	=	Sylloge Inscriptionum Graecarum (3. Auflage). Leipzig 1915—24.
Ox. Pap.	=	Siegerliste von Oxyrhynchos. edd. Grenfell-Hunt (Ox. Pap. II, p. 88 ff.).
Pind.	=	Pindari carmina ed. O. Schroeder. Leipzig 1914.
Afr. Ol.	=	Sexti Julii Africani ΟΛΥΜΠΙΑΔΩΝ ΑΝΑΓΡΑΦΗ, ed. I. R. Rutgers, Leyden 1862.
Paus.	=	Pausaniae Graeciae descriptio edd. Hitzig u. Blümner Berlin-Leipzig 1896—1910.
Philostr.	=	Philostratos, über Gymnastik, ed. I. Jüthner, Leipzig-Berlin 1909.
Krause Ol.	=	I. H. Krause, Olympia, oder Darstellung der großen olymp. Spiele, Wien 1838.
Krause Hell.	=	I. H. Krause, Hellenika, oder Institute, Sitten und Gebräuche des alten Hellas. (Leipzig 1841).
F.	=	Förster, G. H., Die Sieger in den olymp. Spielen. Programm. Zwickau 1891/92.
Mie	=	Mie, Fr., Quaestiones Agonisticae. Diss. Rostock 1888.

Hyde[1]	Hyde, W., De Olympionicarum statuis a Pausania commemoratis. Diss. Halle 1903.
Hyde[2]	= Hyde, W. W., Olympic victor momments and greek athletic art. Washington 1921.
Gardiner[1]	Gardiner, E. Norman, Greek athletic sports and festivals, London 1910.
Gardiner[2]	Gardiner, E. N., Athletics of the ancient world. Newyork-Oxford, Univ. Press 1930.
Klee	= Klee, Theophil., Zur Geschichte der gymnischen Agone an griechischen Festen. Leipzig-Berlin 1918.
Ringwood	= Ringwood, Irene, Agonistic Features of Local Greek Festivals Chiefly from Inscriptional Evidence. Diss. Columbia 1927.
Mezö	= Mezö, Fr., Geschichte der olymp. Spiele. München 1930.

Einleitung.

Theophil Klee hat in seiner Dissertation „Zur Geschichte der gymnischen Agone an griechischen Festen" (Teubner, Leipzig 1918) manche Fragen im Rahmen der Forschung über Gymnastik und Agonistik der Griechen in Angriff genommen und gelöst. (vgl. P. Boesch, Berl. phil. Woch. 39 (1919), 169 ff.). Im 5. Kapitel ergänzt er die Olympionikenliste von Förster (Programm — Zwickau 1891/92) und stellt dann eine Liste der Pythioniken, Isthmioniken und Nemeoniken zusammen. Zur Ergänzung und Erweiterung seiner Ergebnisse ist in vorliegender Arbeit der Versuch gemacht, eine Liste derjenigen Sieger aufzustellen, die in allen vier großen Spielen der sog. Periodos gesiegt haben, und damit zusammenhängende Fragen zu klären. Ich betrachtete es als meine Aufgabe, das zur Verfügung stehende Material im Zusammenhang einer chronologisch geordneten Liste zu verwerten. Dabei kam es mir vor allem darauf an, möglichst die genaue Zeit und Zahl der Siege, Kampfort und Kampfart, Altersklasse und andere Nachrichten (z. B. Siege in anderen Spielen) festzustellen und die Ergebnisse der Untersuchung in einer Tabelle zusammenzufassen, die uns einen klaren Überblick über die Laufbahn der Periodoniken geben kann.

(Der Anhang enthält u. a. eine Übersicht über die Anzahl der Periodoniken nach Kampfarten und Jahrhunderten geordnet.)

Die obere Grenze der Untersuchung ist mit der Einführung der Nemeen als letztem der 4 Festspiele im 3. Jahr der 51. Olympiade (= 573 v. Chr.) gegeben. s. Eusebius 0.51,4 = 573/72 ed. Schoene II p. 94 ff. — Klee p. 53. —

Für die Zusammenstellung einer solchen Liste sind naturgemäß in erster Linie die Verzeichnisse der Sieger in gymnischen Agonen, die in großer Anzahl im Umlauf waren, heranzuziehen.

Die Hauptquelle, aus der die meisten Verfasser derartiger Listen geschöpft haben, sind die Olympioniken-Verzeichnisse der Eleer: Ἠλείων ἐς τοὺς Ὀλυμπιονίκας γράμματα. (vgl. Paus. III. 21, 1. V. 4, 4.).

Als ältester Verfasser einer ἀναγραφή Ὀλυμπιονικῶν wird von Plutarch, Numa c. 1. der Eleer Hippias, ein Zeitgenosse Platons, genannt.

Ich brauche auf die Entwicklung und Typen der einzelnen Olympioniken-Listen nicht einzugehen. (s. Philostr. ed. Jüthner S. 60 ff.) Ich möchte nur diejenigen kurz erwähnen, die für die Untersuchung über die Periodoniken als Quelle dienten.

Die am vollständigsten erhaltene Liste ist die in Eusebius' Chronika aufgenommene Ὀλυμπιάδων ἀναγραφή des S. Julius Africanus (ed. Rutgers, Leyden 1862). Sie enthält von der ersten bis zur 249. Olympiade den Namen des Stadionsiegers und seine Herkunft. Außerdem werden zu vielen Olympiaden u. a. gymnastisch-agonistische Bemerkungen gemacht, die für die Behandlung von einzelnen Periodoniken ausschlaggebend sind. (vgl. Liste Nr. 1, 6, 14 usw., bes. Nr. 18 und 26.)

In der Liste des Phlegon von Tralles sind, wie die erhaltenen Fragmente schließen lassen, (Jacoby F. G. H. 257) im Gegensatz zur ἀναγραφή des Africanus die Sieger sämtlicher Wettkämpfe mit Heimat aufgeführt; außerdem werden noch besondere Begebenheiten historischer und vor allem agonistischer Art berichtet. Vielleicht gehört ihm auch der Pap. Oxyrh. 2082 = Jacoby, F. G. H. 257a s. zu Nr. 20, 21. —

Der in Oxyrhynchos gefundene Papyrus mit Bruchstücken einer olymp. Siegerliste stellt einen anderen Typus von solchen Chroniken dar. (= Grenfeld — Hunt, Oxyrh. Pap. II 222. K. Robert, Hermes 35, 1900, 141 ff. vgl. Janell, Klio XXI, 1927, 344 ff.). Es sind zwei Kolumnen von Ol. 75—78 (480—468) und von Ol. 81—83 (= 456—448) erhalten. Zu jeder Olympiade werden ohne jede gymnastisch-agonistische Bemerkung die Sieger in allen damals eingeführten Kampfarten mit Namen und Heimat aufgezählt. Wir können also, ohne das Fragment Phlegon v. Tralles zuzuschreiben, noch für das 3. nachchr. Jahrh. reine, nicht zu Chroniken erweiterte Siegerverzeichnisse nachweisen. Außer diesen drei Zeugen aus dem 3. nachchr. Jahrh. haben wir noch einige Fragmente aus einer Liste des Alexandriners Eratosthenes, der ein zweibändiges Werk Ὀλυμπιονῖκαι verfaßte. Sie enthielt offenbar nicht nur eine Einleitung bezw. Vorgeschichte des Festes wie bei Africanus und Phlegon, sondern auch Einzeluntersuchungen über die Durchführung der verschiedenen Agone. (vgl. Jüthner, Philostr. S. 65). Außerdem hatte er sicherlich eine vollständige Liste aller Sieger, da die Fragmente darauf hindeuten.

(vgl. Eratosth. fr. 15 Jacoby, wo von dem Pankratiasten Ephudion [s. Liste Nr. 10 S. 40] die Rede ist). s. Fragment 8 a. a. O.

Es ist anzunehmen, daß Eratosthenes auch die 'Ολυμπιονῖκαι des Aristoteles benutzt hat (über Aristoteles' 'Ολυμπιονῖκαι und Πυθιονῖκαι s. auch Jüthner, Philostr. S. 65 ff.): In Eratosth. fr. 7 (Jacoby F. G. H. II B. 241) wird Aristoteles als Quelle für Eratosthenes angeführt.

Außer diesen sehr fragmentarisch erhaltenen Siegerverzeichnissen ist für die Kenntnis der Periodoniken und ihrer Siege Pausanias' Beschreibung von Olympia von ausschlaggebender Bedeutung; denn Pausanias hat die Siegerinschriften zum großen Teil selbst gelesen und außerdem sich von den Exegeten, den „lebenden Kommentaren" (Paus. V 6,4 10,7) führen lassen. (s. Paus. a. a. O. V u. VI, vergl. X, 7 Delphi) — vgl. Jüthner, Philostr. S. 69 und 109 ff. —

Dazu kommt noch die Schrift „über Gymnastik" von Philostrat, der u. a. die einzelnen Kampfarten und die Voraussetzungen für eine erfolgreiche Übung darin beschreibt. Dabei kommt er auch auf einige Periodoniken zu sprechen, deren besondere Befähigung zu dieser oder jener Kampfart er hervorhebt. Vgl. Philostr. a. a. O. C. 1: Milon, Glaukos; C. 20: Glaukos; C. 17. 5. 10: Diagoras. —

Eine andere Quellengruppe bilden die Preislieder des Simonides, Pindar und Bacchylides auf berühmte Sieger; sie sind besonders für die Zahl und Datierung der Siege der einzelnen Periodoniken wichtig, da sie ja zu Lebzeiten der Sieger und in der Regel nicht lange nach dem Sieg verfaßt wurden. Vgl. Simonides: Liste Nr. 1, 2, 6, 13. Pindar: Liste Nr. 7, 8, 9.

Die zuverlässigste und wichtigste Quelle sind natürlich die erhaltenen Siegerstatuen und ihre Inschriften selbst. Glücklicherweise sind uns sehr viele Basen von Periodonikenstatuen erhalten, auf denen außer Name und Heimat der Periodoniken ihre Siege aufgezählt sind. Das sind die Inschriften von Olympia (Dittenberger — Purgold, Olympia V) und Delphi (B. C. H. und Sylloge) und die Inschriften aus der römischen Kaiserzeit (besonders I. G. XIV), in denen wir vor allem die kleinasiatischen und römischen Periodoniken finden. —

So ist man in der Lage, durch Verarbeitung dieser verschiedenen Quellen über die meisten Periodoniken ein genaues und in allen Einzelheiten feststehendes Bild und darüber hinaus wertvolles gymnastisch-agonistisches Material zu erhalten.

I. Allgemeine Ergebnisse.

A. Begriff der Periodos.

Unter περίοδος versteht man den Kreis der vier größten hellenischen Spiele Olympien, Pythien, Isthmien, Nemeen in ihrer zeitlichen Aufeinanderfolge.

Bei Festus p. 236 L. lesen wir: „In gymnicis certaminibus perihodon vicisse dicitur, qui Pythia Isthmia Nemea Olympia vicit, a circumitu eorum spectaculorum"[1]).

Man mußte also mindestens einmal in jedem der 4 Spiele gesiegt haben, um als περιοδονίκης zu gelten.

Den Ausdruck περίοδος bezw. περιοδονίκης finden wir auf

Inschriften

seit Anfang des 2. vorchr. Jahrh.:

Inschr. Ol. 186: Epitherses: (Nr. 28) = ca. 190 v. Chr.

B. C. H. XXXI (1907) 433: Menodoros (Nr. 29) = ca. 166 v. Chr.

sehr häufig in der Kaiserzeit:

Inschr. Ol. 231: Hermas (Nr. 35) = ca. 16—12 v. Chr.

Inschr. Ol. 230: unbekannter Periodonike (Nr. 37) = 1. Jh. n. Chr.

I. G. XIV 746: Artemidoros (Nr. 40) = 1. Jahrh. n. Chr.

I. G. V 1,556: Alkandridas (Nr. 43) = 2. Jahrh. n. Chr.

I. G. XIV 1102—05 (Nr. 44 und 45) u. a.

literarisch:

Erathosth. Fragm. 15 Jacoby Ἐρατοσθένης . . . Ἐφωτίωνα ἀναγράφει περιοδονίκην παγκρατιαστήν.

Eratosth. Fragm. 8 . . . Ἐρατοσθένης δ' ἐ [ν τῷ] τῶν Ὀλυμπιονικῶν προθεὶς οἷς ὀλυμπιάδα φησίν: „Ἀστυάναξ ὁ Μιλήσιος ς τὴν περίοδον ἀκονιτί". Eratosthenes spricht hier von den Periodoniken Ephudion Nr. 10 (Ol. 79 = 464 v. Chr.) und Astyanax Nr. 17 (Ol. 116 = 316

---

[1]) Näheres darüber findet man bei Krause, Ol. S. 9; Hell. II, 2 p. XVff.

v. Chr.) Die Vermutung, daß Eratosthenes den Ausdruck περίοδος schon aus seinen Quellen (z. B. den alten Olympionikenlisten des Aristoteles) übernommen hat, läßt sich nicht beweisen. Für Astyanax, der 316 siegte, kommt Aristoteles († 322) als Quelle nicht in Frage. S. Eratosth. Fragm. 7 Jacoby: λέγει δὲ καὶ Ἐρατοσθένης ἐν τοῖς Ὀλυμπιονίκαις τὴν πρώτην καὶ ἑβδομηκοστὴν ὀλυμπιάδα (496) νενικηκέναι τὸν τοῦ Μέτωνος πατέρα, μάρτυρι χρώμενος Ἀριστοτέλει.

B. Kampfarten der Periodos [2]).

1. **Stadion** (στάδιον), **Doppellauf** (δίαυλος), **Langlauf** (δόλιχος), **Waffenlauf** (ὁπλίτης).

Es ist charakteristisch, daß kein Periodonike im Stadion allein angetreten ist bezw. gesiegt hat. Dies kommt wohl daher, daß der Stadionlauf zu einfach für Rekorde war und deshalb von jedem, der weiterkommen wollte, auch die höheren Laufarten bestritten werden mußten [3]). Doch braucht ein Sieg über zwei oder mehrere Strecken nicht in e i n e r Olympiade errungen zu sein. So war Dandis (Liste Nr. 6) im Jahre 472 Sieger im Doppellauf und 468 im Stadion. Es liegt daher auf der Hand, daß er in beiden Kampfarten trainiert hat, woraus sich auch die hohe Zahl seiner nemeischen Siege (12) erklärt. Ähnlich verhält es sich mit den 11 nemeischen Siegen des Philinos (Nr. 23), wobei angenommen werden muß, daß er außer im Stadion auch noch in einer anderen Laufart gesiegt hat: (11 Siege — 6 Nemeaden) — s. Tab. Nr. 23. —

Ein Doppelsieg im Diaulos und Hoplites ist uns aus der Kaiserzeit überliefert: (Inschr. Ol. 230: Der Name des Periodinoken ist unbekannt s. Nr. 37 = 1. Jahrh. n. Chr.) Ebenso haben wir ein Beispiel, daß ein Periodonike im Stadion und Waffenlauf die Periodos vollendete: Mnasibulos (Nr. 51 = 161 n. Chr.) Pythagoras von Magnesia am Maeander (Nr. 20) siegte an einer Olym-

---

[2]) Ich behandle hier natürlich die einzelnen Kampfarten, in denen Periodoniken vorkommen, nicht ausführlich, sondern erwähne sie nur im Zusammenhang mit den Siegen der Periodoniken.

[3]) Auch im heutigen Sport ist es keine Seltenheit, daß ein Leichtathlet über 2 Laufstrecken bei den Olympiaden den Sieg davonträgt. Nur 2 Beisp.: Auf der 10. Olympiade in Amsterdam im Jahre 1928 siegte der Canadier Williams über 100 und 200 m. (Die Strecken entsprechen ungefähr dem Stadion und Diaulos). Nurmi siegte häufig im 3000- und 5000-Meterlauf. Bei den Leichtathletik-Länderkämpfen in letzter Zeit sind die Deutschen nicht selten in 2 Laufstrecken siegreich gewesen (Houben, Körnig, Jonath, Borchmeyer u. a.)

piade στάδιον καὶ ὁπλίτην (s. S. 51 f.). Dem Rhodier Leonidas gelang es als „einzigem und ersten", in 4 Olympiaden 12 Kränze zu erhalten, d. h. er siegte in jeder Olympiade im Stadion. Diaulos und Hoplites. (S. Afr. Ol. 157 = 152 v. Chr. Λεωνίδας τὸ τέταρτον στάδιον, (δίαυλον, ὁπλίτην). Μόνος δὲ καὶ πρῶτος ἐπὶ τέσσαρας 'Ολυμπιάδας στεφάνους 'Ολυμπιακοὺς ἔχει δώδεκα; und Philostr. C. 33, 1—2 ὁπλίτου δὲ καὶ σταδίου ἀγωνιστὴν καὶ διαύλου διακρίνει μὲν οὐδεὶς ἔτι ἐκ χρόνων, οὓς Λεωνίδας ὁ 'Ρόδιος ἐπ' ὀλυμπιάδας τέτταρας ἐνίκα τὴν τριττὺν ταύτην . . .

Wie wir sehen, kommen zusammen mit dem Stadion auch Doppellauf und Waffenlauf vor. Ein Doppelsieg im Lauf und **L a n g l a u f** ist nicht bekannt; dies erklärt sich daraus, daß an einen Dauerläufer ganz andere Anforderungen gestellt werden als an einen „Kurzstreckler". Allerdings kennen wir Periodoniken, die nur im Langlauf siegten: Dromeus v. Stymphalos (Nr. 3); Ergoteles (Nr. 7) u. a.

2. **R i n g k a m p f (πάλη), F a u s t k a m p f (πύξ), P a n k r a t i o n (παγκράτιον).**

Weitaus größer ist die Zahl der „Schwerathleten" unter den Periodoniken. Vielleicht hängt dies mit der Tatsache zusammen, daß ein Schwerathlet besser und länger „in Form" bleiben kann als ein allen Zufälligkeiten ausgesetzter Leichtathlet. Auch hier finden wir, daß Athleten in zwei Kampfarten z. B. im Ringkampf und Pankration siegten. Wenn es einer sogar fertig brachte, an **e i n e m** Tage in den genannten Kampfarten als Sieger hervorzugehen, nannte man ihn παράδοξος bezw. δεύτερος, τρίτος κτλ. ἀφ' 'Ηρακλέους (Herakles soll nämlich zum ersten Male in beiden Kampfarten an einem Tage gesiegt haben). — Vgl. Kindscher: „Die herakl. Doppelsieger zu Olympia" in Jahns Archiv f. Phil. u. Päd. XI 392—411. Friedländer, Sittengeschichte Roms II[9] 147ff. — Unter den 7 uns bekannten herakl. Doppelsiegern befindet sich ein Periodonike: Straton aus Alexandria (Nr. 32), der im Jahre 68 v. Chr. in Olympia an einem Tage im Ringkampf und Pankration siegte.

Auch Archibios (Nr. 42) siegte mehrmals im Ringkampf und Pankration.

Fast durchweg waren die Schwerathleten in mehr als einer Kampfart siegreich. Neben Ringkampf und Pankration kommt oft Faustkampf und Pankration (mitunter als Doppelsieg) vor:

Theogenes (Nr. 3); Astyanax (Nr. 17); Cl. Apoll. Rufus (Nr. 56).

In den drei schweren Kampfarten (Ringkampf, Faustkampf, Pankration) sehen wir u. a. den Pankratiasten T. Flavius Archibios aus Alexandria (Nr. 42) als Sieger hervorgehen. Es gelang ihm sogar ebenso wie dem Pankratiasten Antenor (Nr. 18), in den drei Altersklassen (Knaben, Ageneioi, Männer) zu siegen.

Wie ein Blick in die Tabelle zeigt, erfreuten sich gerade die schweren Kampfarten, besonders das Pankration, im letzten vorchr. Jahrhundert und erst recht in der Kaiserzeit der größten Beliebtheit. Sicherlich werden diese Kämpfe sich über das Niveau der Gladiatorenkämpfe nicht mehr sehr erhoben haben, zumal die Söhne vornehmer Familien in der Regel Läufer waren. Vgl. L. Robert, Rev. Arch. 1934 I, 52 ff.

3. Fünfkampf (πένταθλον).

Unter den Fünfkämpfern gibt es keinen Periodoniken, wenigstens soweit die Überlieferung geht. Dies liegt in der ganzen Zusammensetzung dieses Agons begründet: Er besteht ja aus sog. leichten (Speerwurf, Sprung, Lauf) und schweren Kampfarten (Ringen und Diskus) und setzt daher eine Vielseitigkeit des Sportlers voraus, die mehrere Jahre hindurch (zum mindesten doch vier Jahre) sehr schwer auf gleicher Höhe gehalten werden kann. Vgl. S. 9 (Timon).

4. Herold (κῆρυξ) und Trompeter (σαλπικτής).

Die Einführung des κῆρυξ und σαλπικτής wird von Africanus berichtet. — S. Africanus Ol. 96 = 396 v. Chr.: Προσετέθη σαλπικτής καὶ ἐνίκα Τίμαιος Ἠλεῖος. Προσετέθη καὶ κῆρυξ καὶ ἐνίκα Κράτης Ἠλεῖος.

Schon Ausgang des 4. Jahrh. begegnet uns ein Periodonike als σαλπικτής: der zehnfache Periodonike Herodoros (Nr. 19). — Außer Herodoros sind uns noch 5 Periodoniken bekannt, die aber alle in der Kaiserzeit lebten (1.—3. Jahrh. n. Chr.).

Diese Kampfarten sind in ihren Vorbereitungen, Anforderungen und Schwierigkeiten natürlich nicht mit den rein ahtletischen Kampfarten zu vergleichen und lassen deshalb vielmehr die Möglichkeit offen, daß ein geübter Herold oder Bläser sehr lange seine Kunst ausüben und so eine hohe Zahl von Siegen erringen kann:

Diogenes aus Ephesus (Nr. 39) errang 80 und T. Aelius Artemas (Nr. 46) sogar 250 Siege. Serapion aus Ephesus (Nr. 53) war schon mit 22 Jahren Periodonike und Valerius Eklektos von Sinope (Nr. 54) vollendete dreimal die Periodos und trug 80 Siege davon (4 olymp. Siege: Ol. 256 = 245 — Ol. 260 = 261 n. Chr.). —

Vgl. Cicero ad fam. V 12,8: . . . Accedit etiam, ut minor sit fides, minor auctoritas, multi denique reprehendant et dicant verecundiores esse praecones ludorum gymnicorum, qui cum ceteris coronas imposuerint victoribus eorumque nomina magna voce pronuntiarint, cum ipsi ante ludorum missionem corona donentur, alium praeconem adhibeant, ne sua voce se ipsi victores esse praedicent.

5. Viergespann (ἅρμα).

Im Viergespann haben die Lacedaemonier Xenares und Polykles (s. Paus VI 2,1. 1,7) und der Athener Prometheus (s. I. G. III add. 758a) an den vier Spielen der Periodos gesiegt (vgl. F. 211. 796. 740). Ich habe sie jedoch aus folgenden Gründen nicht in die Liste der Periodoniken aufgenommen: Einerseits fehlt hier die persönliche Leistung, da der Sieg doch von der Schnelligkeit der Pferde und der Kunst des Wagenlenkers, nicht von dem Reichtum oder der Geschäftstüchtigkeit des Rennstallbesitzers abhängt; andererseits ist kaum anzunehmen, daß in allen vier Agonen der Periodos dieselben Pferde liefen oder gar die Besitzer des Viergespannes selbst den Wagen lenkten.

6. Musische Agone.

Auch Sieger in musischen Agonen lassen sich in später Zeit manchmal Periodoniken nennen; da aber Olympia dabei ausfällt, ist der Titel mißbräuchlich.

C παιδικὴ περίοδος und περίοδος ἐν περιόδῳ.

Afr. Ol. 145 = 200 v. Chr. (vgl. Liste Nr. 26) Παίδων πυγμὴν Μόσχος Κολοφώνιος· μόνος παιδικὴν περίοδον.

Wie schon der Zusatz μόνος . . . sagt, war Moschos von Kolophon der einzige, der unter den Knaben die Periodos im Faustkampf vollenden konnte (vgl. Anh. IV B, b. 61).

Hier möchte ich einflechten, daß man ja nur als παῖς oder als ἀνήρ Periodonike werden konnte, da die Altersklasse der ἀγένειοι in Olympia und Delphi nicht zugelassen war. Moschos muß also noch sehr jung gewesen sein (nicht über 20 Jahre) und seine Siege in den Agonen der Periodos in kürzester Zeit errungen haben: Ein Blick auf die Tabelle (Nr. 26) zeigt uns, daß dies sogar innerhalb eines Zeitraumes von 2 Jahren möglich war. Nehmen wir an, der olympische Sieg im Jahre 200 bildete den Abschluß der Periodos, dann kann Moschos 202 an den Pythien, 201 an den Nemeen und 200 an den Isthmien siegreich gewesen sein. —

Im allgemeinen war eine bestimmte Frist für die Vollendung der Periodos offenbar nicht vorgeschrieben. Hatte jedoch ein Wettkämpfer innerhalb der Periodos (d. h. von einer Olympiade bis zur folgenden), ohne eines der vier heiligen Spiele zu überspringen, gesiegt, dann war er Periodonike ἐν τῇ περιόδῳ z. B.:

Inschr. Ol. 231 (s. Liste Nr. 35): Ἑρμᾶς ... νεικήσας Ὀλύμπια δὶς καὶ τὴν λοιπὴν περίοδον ἐν τῇ περιόδῳ ... — vgl. die Erklärung Dittenbergers zur Inschrift Ol. 231: „. . . ἐν τῇ περιόδῳ bedeutet, daß er immer bei dem jedesmal zunächst folgenden Termine eines der großen Agone siegte." —

Eine Stütze für obige Annahme und die Berechtigung, den Zeitraum für die Periodos zu pressen, gibt uns die Nachricht über den Periodoniken Serapion aus Ephesus (Fouilles de Delphes III 1,454):

... σαλπικτὴς νεικήσας τὴν περίοδον ἐν τῇ περιόδῳ ἐτῶν κβ'. Serapion war mit 22 Jahren Periodonike ἐν τῇ περιόδῳ. Folglich hat er im Alter von 19—20 Jahren seine siegreiche Laufbahn begonnen. Vgl. Tab. Nr. 53. — (S. Liste Nr. 21 u. 25).

D. ¾ Periodos der Eleer.

Die Eleer waren bekanntlich von den isthmischen Spielen ausgeschlossen (Paus. V 2,5. VI 16,2. VI 3,9).

Ich finde dies indirekt dadurch bestätigt, daß unter den 59 Periodoniken, die unten behandelt sind, kein Eleer ist. —

Ein Eleer konnte also niemals Periodonike werden. Deshalb rede ich auf Anregung von Herrn Prof. Herzog von einer ¾ Periodos der Eleer. — Zwei Beispiele:

Der Eleer T i m o n (Paus. V 2,5. VI 16,2) siegte in Olympia, Delphi und Nemea im Fünfkampf. In dem Epigramm auf seinem Standbild in Olympia ist außer der Aufzählung seiner Siege in den hellenischen Spielen ausdrücklich vermerkt (nach Paus. a. a. O.), daß er an den Isthmien nicht teilnehmen durfte. Er wäre also ohne Zweifel Periodonike im Fünfkampf geworden (was jedoch keinen Gegenbeweis für meine oben S. 7 ausgesprochene Ansicht über die Aussicht eines Fünfkämpfers, Periodonike zu werden, darstellt). Zeit: Er nahm an dem Feldzug der Aetoler gegen Thessalien teil, der nach Diodor Sic. XVIII 38 in der 144 Ol. = 404 v. Chr. unternommen wurde. Vgl. Rutgers S. 115. — F. 391.

Der Fünfkämpfer H y s m o n von Elis ca. Ol. 98 = 388 v. Chr. wurde ebenfalls zu den isthmischen Spielen nicht zugelassen. Paus. VI 3,9f., vgl. Rutgers S. 115f.

Der Eleer A r i s t o d a m o s siegte im Ringkampf einmal in Olympia, zweimal in Delphi und zweimal in Nemea. (Paus. VI 3,4). — Sein Standbild verfertigte der Sikyonier Daidalos, der von Brunn (Gesch. der Griech. Künstler I 278) um die 96. Ol. = 396 v. Chr. angesetzt wird. Dazu paßt: Afr. Ol. 98 = 388: Ἀριστόδαμος (Θράσιδος) Ἠλεῖος πάλην· οὗ μέσα οὐδεὶς ἔλαβεν. („niemand faßte seine Mitte"). Vgl. dazu unten S. 14 das Epitheton ἀμεσολάβητος.

Aristodamos war also mehr durch seine Technik als durch seine Kraft den anderen überlegen. Ein Simonides zugeschriebenes Epigramm bei Hephaestion ed. Consbruch p. 60,6 = Simon. fr. 152 D. illustriert dies sehr schön: Ἴσθμια δίς, Νεμέᾳ δίς, Ὀλυμπίᾳ ἐστεφανώθην, οὐ πλάτεϊ νικῶν σώματος, ἀλλὰ τέχνᾳ Ἀριστόδαμος Θράσυος Ἀλεῖος πάλᾳ. Hier steht merkwürdigerweise an Stelle von Πύθια δίς (Paus. a. a. O.) Ἴσθμια δίς. Man liest aber mit Recht Πύθια, da ja kein Eleer an den Isthmien antreten durfte. Andererseits wäre es, wie Rutgers (Seite 59) richtig bemerkt, allzu seltsam, wenn wir es hier mit einem anderen Aristodamos zu tun hätten, da sonst alles (Name, Vater, Heimat, Kampfart, Kampfesweise οὗ μέσα οὐδεὶς ἔλαβεν — οὐ πλάτεϊ νικῶν σώματος, ἀλλὰ τέχνᾳ) übereinstimmt.

E. Epitheta der Periodoniken.

Neben den üblichen Angaben über Herkunft und Heimat eines Periodoniken und der Aufzählung seiner Siege finden wir oft ein oder mehrere Epitheta dem Sieger beigegeben. Diese Epitheta kennzeichnen die Persönlichkeit des Athleten oder die Art und Weise, wie er gekämpft hat und zum Erfolg gekommen ist.

ἄ π τ ω τ ο ς.

Der Ringkämpfer Isidoros aus Alexandria (Nr. 31) wird von Phlegon von Tralles (s. Jacoby Fragm. 12) als περιοδονίκης ἄπτωτος bezeichnet. (ἄπτωτος ist einer, der nicht fällt.) Ein Ringkämpfer galt erst als besiegt, wenn er dreimal gefallen war. Offenbar gelang es also Isidoros, während der Vollendung der Periodos oder gar während seiner ganzen Sporttätigkeit niemals zu fallen, geschweige besiegt zu werden.

J. G. XIV 1106: Ἰωάνης παλαιστὴς Σμυρναῖος ἄπτωτος. Ein berühmter Ringkämpfer. (Ausgang des 4. Jahrhunderts n. Chr.).

ἀπτώς für ἄπτωτος: Anth. Pal. IX, 588,6: ἀλλὰ παλαίσας ἀπτώς. Der Ringkämpfer Kleitomachos, S. d. Hermokrates, aus Theben wird hier in einem Epigramm des Alkaios von Messenien verherrlicht (vgl. Paus. VI 15,3). — S. auch B. C. H. XVI (1892) p. 445, Nr. 94 u. 95:

Nr. 94: Αὐρ. Πτολεμαῖος . . . νεικήσας παιδῶν πάλην ἐνδόξως . . . ἄ π τ ω τ ο ς , ἀμεσολάβητος.[4]).

Nr. 95: Αὐρήλιον Κούγαν . . . νεικήσαντα ἀνδρῶν πάλην . . . ἄ π τ ω τ ο ν, ἀμεσολάβητον.[4]).

Der Ausdruck ἄπτωτος oder ἀπτώς kommt also ausschließlich bei Ringkämpfern vor.

Außerdem begegnen uns noch einige Epitheta, die die Kampfesweise oder einen Sieg als bemerkenswert bezeichnen und so eine besondere Auszeichnung der Periodoniken darstellen:

ἀ κ ο ν ι τ ί

ἀκονιτί (= ohne Staub) erklären:

Photius (d. Anfang d. Lex. d. Photius, hrsg. v. Reitzenstein S. 63): ἀκονιτί· ἄνευ ἀγῶνος καὶ μάχης ἢ <εὐμαρῶς> ἐκ μεταφορᾶς τῶν ἀθλητῶν τῶν εὐμαρῶς περιγενομένων, ὥστε μηδὲ κονίσασθαι.

Suidas s. ἀκονιτί· χωρὶς κόνεως, ἄνευ ἀγῶνος, . . . ὥστε μηδὲ κονίσασθαι ἀκονιτί.

Plinius XXXV 139 . . . Dioxippus citra pulveris iactum, quod vocant ἀκονιτί, vicit.

Ein Athlet wurde zum Akoniti-Sieger erklärt, wenn

1. er infolge seiner Kraft und Technik oder auf Grund seiner errungenen Siege so gefürchtet war, daß niemand sich zu einem Kampf gegen ihn meldete.

Der Rhodier Dorieus (Liste Nr. 13) hat sicherlich auf diese Weise in den Pythien gesiegt. Paus. VI 7,4: λέγεται δὲ καὶ ὡς Πύθια ἀνέλοιτο ἀκονιτί. Ebenso Theogenes (Nr. 4) in den Pythien; Astyanax aus Milet (= F. G. H. 241 F 8) (Nr. 16); Antenor (= Afr. Ol. 118 (= 308) (Nr. 18); der Athener Dioxippus in Olympia (= Plinius nat. hist. XXXV 139) vgl. Rutgers S. 65,2.

2. der Gegner zu spät antrat.

Der Faustkämpfer Herakleides aus Alexandria siegte in der 218. Ol. = 93. n. Chr. akoniti, weil sein Antagonist Apollonius zu spät nach Olympia kam: Paus. V 21,12 ff. . . . ἀφίκετο οὐκ ἐς τὸν

---

[4]) s. unter ἀμεσολάβητος.

εἰρημένον καιρόν . . . (Außerdem wurde Apollonius mit seiner Entschuldigung, er sei durch widrige Winde aufgehalten worden, von Herakleides Lügen gestraft. Das mag mit ein Grund für das Urteil der Kampfrichter gewesen sein.) Ein ähnliches Beispiel ist nicht bekannt.

3. wenn der Gegner aus irgend einem Grunde nicht antrat.

In der 75. Ol. = 480 v. Chr. hatte Theogenes aus Thasos (Nr. 4) für Faustkampf u n d Pankration gemeldet. Euthymos, sein Gegner im Faustkampf, hatte ihm den Sieg sehr schwer gemacht, so daß er infolge der Erschöpfung im Pankration nicht antreten konnte. Daher wurde Dromeus v. Mantineia, sein Gegner im Pankration, als Sieger akoniti erklärt. (S. Philostrat Gymn. c. 11 dazu Jüthner S. 207 f. 213). — Näheres darüber Krause Ol. 153 ff.; Reisch, Pauly-Wiss. I. 1178: Gardiner, hell. studies XXV (1905) 16 f. —

ἀτραυμάτιστος.

Eine Seltenheit war es wohl, wenn ein Faustkämpfer als Sieger hervorging, ohne verwundet zu werden: Kleoxenos aus Alexandria wird von Afr. Ol. 135 = 240 v. Chr. als περιοδονίκης ἀτραυμάτιστος bezeichnet. Dies ist wohl so zu erklären, daß Kleoxenos eine glänzende Technik im Parieren der Schläge besaß und sich fast nur auf die Verteidigung beschränkte, um auf diese Weise seine Gegner mürbe zu machen und sie zur Aufgabe des Kampfes zu zwingen.

ἄλειπτος.

Sehr häufig finden wir das Epitheton ἄλειπτος (= ungeschlagen, unbesiegt). (ἄ-λειπτος von λείπεσθαι (= unterliegen):

I. G. XIV 737: Αἴλιον Ἀντιγενίδα . . . νεικήσαντα τοὺς ὑπογεγραμμένους ἀγῶνας, οὕσπερ καὶ μόνους ἠγωνίσατο ἄ λ ε ι π τ ο ς.

I. G. XIV 1102 (S. Liste Nr. 52): Ἀσκληπιάδης . . . . . . παγκρατιαστὴς περιοδονείκης ἄ λ ε ι π τ ο ς ἀσυνέξωστος ἀνέκκλητος.

Auch der Vater des Asklepiades war ein παλαιστὴς ἄλειπτος.

s. I. G. XIV 1104: Δημήτριον Ἑρμοπολείτην παλαιστὴν παράδοξον ἄ λ ε ι π τ ο ν.

I. G. XIV 1105 (s. Liste Nr. 45): . . . Αὐρήλιον Δημόστρατον Δαμᾶν πύκτην ἄ λ ε ι π τ ο ν παράδοξον.

Derselbe Damas wird erwähnt in Greek Pap. in the British Museum III 1178, 54: Δημοστράτου Δαμᾶ παγκρατιαστοῦ δὶς περιοδονείκου πύκτου ἀ λ ε ί π τ ο υ παραδόξου. Vgl. Arch. f. Pap. III 542. Dio Chrys. or. 28,9 (II p. 293 v. Arn.). Inschr. v. Magn. 181.

Afr. Ol. 118 = 308 v. Chr. (S. Liste Nr. 18):
'Αντήνωρ 'Αθηναῖος . . . . περιοδονίκης, ἄ λ η π τ ο ς ἐν ταῖς τρισὶν ἡλικίαις.

Wie die angeführten Stellen zeigen, kommt durchweg ἄλειπτος vor mit Ausnahme der Notiz des Africanus, der ἄληπτος schreibt. (ἄληπτος wäre dann als itazistischer Fehler für ἄλειπτος anzusehen. Ἄλειπτος wird in der Regel (s. S. 15: Fünfkämpfer) zur Auszeichnung der Sieger in den drei schweren Kampfarten gebraucht. Ein ἄλειπτος ist also ein Kämpfer, der nicht ausgeschieden werden konnte und somit als unbesiegbar galt.

ἀσυνέξωστος ἀνέκκλητος.

Ähnliche Bedeutung hat das Wort ἀσυνέξωστος. I. G. XIV 1102, 1103, 1104: Μ. Αὐρ. Ἀσκληπιάδης . . . . παγκρατιαστὴς περιοδονείκης ἄλειπτος ἀ σ υ ν έ ξ ω σ τ ο ς ἀ ν έ κ κ λ η τ ο ς. Vgl. Archiv f. Pap. III 542.

Preisigke (Papyruswörterbuch s. v.): ἀσυνέξωστος: Ehrentitel des Ringkämpfers [5]), der vom Gegner n i c h t a u s d e r B a h n g e d r ä n g t w e r d e n k o n n t e.

ἀνέκκλητος (= ἀνέκκλιτος dem man nicht ausweichen kann, oder = ἀνέγκλητος ohne Strafpunkte?) ist ebenfalls ein Ehrentitel des Pankratiasten Asklepiades (Nr. 52).

Asklepiades war offenbar mit seiner Kampfesweise technisch so auf der Höhe, daß der Gegner nicht in der Lage war, seine Schläge durch Deckung oder Ausweichen zu parieren, geschweige zum Angriff überzugehen und ihn vielleicht aus dem (vorgeschriebenen?) Ring oder Kreis herauszutreiben. —

Die 3 Epitheta ἄλειπτος, ἀσυνέξωστος, ἀνέκκλητος nebeneinander sind n u r Asklepiades beigegeben; (vgl. corp. Pap. Hermopol. 7 II, 3). Diese Häufung von Ehrentiteln heben die überragende Stellung dieses Periodoniken hervor.

παράδοξος.

παράδοξος (s. S. 6) war ursprünglich ein Epitheton der herakl. Doppelsieger. In späterer Zeit erscheint es sehr oft bei Ringkämpfern und Faustkämpfern [6]):

I. G. XIV 1104: Δημήτριον . . . παλαιστὴν π α ρ ά δ ο ξ ο ν . . . (vgl. I. G. XIV 1102).

I. G. XIV 1105: . . . Δημόστρατον Δαμᾶν πύκτην ἄλειπτον π α ρ ά δ ο ξ ο ν . . .

---

[5]) Asklepiades war Pankratiast.
[6]) vgl. IV B, c.

Dieselbe Bedeutung hat παραδοξονίκης: I. G. XIV 747,6 (Liste Nr. 42): . . . 'Αρχίβιον . . . παραδοξονίκην . . .

Sogar einem L ä u f e r (2. Jhd. n. Chr.) ist der Titel verliehen worden: Prosdektos v. Mytilene. s. L. Robert, Revue Archéologique 1934, I, 52: ff.: Auf einer Münze: . . . Προσδεκτος παραδοξ. Vgl. B. C. H. LII (1928) 420—22: Prosdektos als Archon der Athletenvereinigung und δρομεύς παράδοξος. (Zeitgenosse des Demostratos Damas.)

Auch die Söhne des Demostr. Damas erscheinen in dem Papyrus v. Hermopolis (Robert a. a. O.) als πλειστονίκαι παράδοξοι. I. G. V 1,554: . . . τοῦ 'Αλκανδρίδα πλειστονείκου π α ρ α δ ό ξ ο υ . . . Alkandridas (Nr. 43).

Die angegebenen Beispiele zeigen, daß παράδοξος in der späteren Kaiserzeit die ursprüngliche Bedeutung und seinen Wert verloren hat.

ἄ ρ ι σ τ ο ς 'Ε λ λ ή ν ω ν

ἄριστος 'Ελλήνων ist der Titel für einen Sieg im Waffenlauf (vgl. L. Robert a. a. O.) und im Ringkampf.

B. C. H. XI (1887) 342 ff.: Μνασιβούλου . . . δὶς περιοδονείκου ἀ ρ ί σ τ ο υ 'Ε λ λ ή ν ω ν.

Mnasibulos (Nr. 51) war Doppelperiodonike im Stadion und W a f f e n l a u f. (2. Jhdt. n. Chr.)

I. G. V 1 554: . . . τοῦ 'Αλκανδρίδα . . . πλειστονείκου παραδόξου καὶ ἀ ρ ί σ τ ο υ 'Ε λ λ ή ν ω ν . . .

Alkandridas (Nr. 43) war zweimaliger Periodonike im Ringkampf.

ἀ μ ε σ ο λ ά β η τ ο ς

Das Epitheton ἀμεσολάβητος (nicht um die Mitte gefaßt) finden wir bei Ringkämpfern aus Phaselis (s. I D S. 10).

B. C. H. XVI (1892) 445: Αὐρ. Πτολεμαῖος . . . νεικήσας πάλην . . . ἄπτωτος ἀ μ ε σ ο λ ά β η τ ο ς

Αὐρήλιον Κούγαν νεικήσαντα πάλην ἄπτωτον ἀ μ ε σ ο λ ά β η τ ο ν.

Le Bas, Inscript. III 363: . . . Διονυσιδ[ώρο]υ . . . πάλην . . . ἀ μ ε σ ο λ α β ή τ ο υ καὶ ἀνεφέδρου.

ἀμεσολάβητος kommt also nur bei Ringkämpfern vor. Nähere Erläuterung des Epithetons S. 10.

ἀ ν έ φ ε δ ρ ο ς

Der Titel wurde demjenigen gegeben, der während der Ausscheidungskämpfe niemals ein Freilos zog (ἐφεδρεία). Die be-

sondere Leistung lag darin, daß der Athlet trotz der Ermüdung infolge der vielen Vorkämpfe den Endsieg errang:
Syll.³ 1070: Nikanor (Ephesos, 89 n. Chr.) . . .
νεικήσαντα παίδων παγκράτιον ἀνέφεδρον (= πάντας μὲν ἀνέφεδρος ἐπανκρατίασε τοὺς κλήρους). Vgl. IG V 1, 680, 11.

ἀκροχερσίτης

Der Periodonike Sostratos (Nr. 15) wandte beim Ringkampf das ἀκροχειρίζεσθαι (Kampf mit den Händen) an. Dabei ging er darauf aus, seinem Gegner die Finger zu brechen, um ihn zur Aufgabe zu zwingen. Deshalb erhielt er den Beinamen ἀκροχερσίτης. Ein delph. Epigramm (B. C. H. VI [1882] 446) sagt von Sostratos: παύσας δ'ἀντιπάλους πάντα ἐκράτεις ἀμαχεί. (Vgl. Liste Nr. 15 S. 30 und Reisch, P.-Wiss. I 1197 f.)

ἄστρωτος

Der Ringkämpfer Glykon (Nr. 34) wird als οὔθ' Ἑλλάδι στρωτός (nicht niedergeworfen) gerühmt. οὐ στρωτός = ἄστρωτος wäre also ungefähr mit ἄπτωτος gleichbedeutend.

ἀπαραδίσκευτος ἀπαρακόντιστος

Auf einer Siegerinschrift von Ephesos (Ephesus II Nr. 72) kommen außer ἄλειπτος die Ausdrücke ἀπαραδίσκευτος (so R. Herzog; ἀπαραλίσκευτος edd.) und ἀπαρακόντιστος vor:

Καὶ μετὰ τὰ Ὀλύμπεια νεικήσαντα τοὺς ἐν Μακεδονίᾳ ἀγῶνας ἀπαραδίσκευτον, ἀπαρακόντιστον, ἄλειπτον τελευτήσαντα ἐτῶν κδ' . . .

Die Inschrift enthält eine Ehrung eines erfolgreichen Athleten. Offenbar war es ein Fünfkämpfer: Abgesehen davon, daß auch der Stifter ein Fünfkämpfer war, beweisen es die beiden Epitheta: Der Sieger war unbesiegbar im Diskus- und Speerwurf, d. h., niemand konnte weiter werfen als er. Die Zusammensetzung ἀ-παρα-δίσκευτος läßt wohl keine andere Erklärung zu.

II. Liste der Periodoniken.

1. Der Krotoniate M i l o n, S. d. Diotimos, ist der erste Periodonike, den wir kennen. Ein Simonidesfragment, 153 Diehl 216, Paus. VI, 14,5, Diodor Sic. XII 9 und Africanus Ol. 62 = 532 v. Chr. berichten über ihn und seine Siege (vgl. Rutgers, S. 32,4; F. 122; Klee, S. 76). Danach hat Milon 6 olympische, 6 bezw. 7 pythische, 10 isthmische und 9 nemeische Siege im Ringkampf (πάλη) errungen. Pausanias a. a. O. nennt 7 pythische Siege; man darf diese Angabe nicht ohne weiteres übergehen, da Milon zum 7. Male in Olympia angetreten ist, ohne jedoch seinen Gegner Timasitheos aus Kroton bezwingen zu können (s. Paus. a. a. O.). Offenbar wollte Milon zum 7. Male die Periodos vollenden, wozu ihm eben der (7.) olymp. Sieg fehlte. Die Tatsache, daß unter den 6 Siegen in Olympia und den 7 Siegen in Delphi je ein Knabensieg ist (s. Paus. a. a. O.), kann diese Vermutung nicht widerlegen, da andererseits eine παιδική περίοδος für Milon nicht in Frage kommt.

Es ist mit Rutgers S. 32,4 anzunehmen, daß Africanus unter Ol. 62 = 532 v. Chr. den ersten Männersieg Milons verzeichnet, denn sonst hätte er wohl παίδων πάλην geschrieben. Der letzte olympische Sieg kann schwerlich gemeint sein, denn nach Diod. Sic. XII 9,5 führte Milon geschmückt mit seinen olymp. Siegeskränzen seine Landsleute in einer Schlacht gegen Sybaris zum Siege. Da wir doch annehmen müssen, daß Milon um diese Zeit — nach Diod. XII, 10,2 war die Schlacht um 512 v. Chr. — im besten Mannesalter stand, kommt das Jahr 532 für seinen letzten olymp. Sieg nicht in Betracht, da er als Sechzigjähriger nicht mehr das geleistet haben kann, was uns bei Diod. a. a. O. berichtet wird. Wenn also Milon Ol. 62 = 532 zum ersten Male in Olympia unter den Männern gesiegt hat, können wir bis Ol. 60 = 540 v. Chr. hinaufgehen. Rechnet man zu den 6 olymp. Siegen noch den 7. pythischen, dann muß Milon mindestens 26 Jahre lang seine aktive Sporttätigkeit betrieben haben. Mag er im Alter von 14 Jahren den Knabensieg in Olympia errungen haben, so hätte er als Vierzigjähriger seine Laufbahn abgeschlossen. Die Tabelle bietet uns hier einen Überblick. Danach kann man 3 Siege unter den παῖδες (in Olympia, Delphi und auf dem Isthmos) annehmen. — Schwerlich war Milon περιοδονίκης παιδικός, denn einerseits hätte es Africanus erwähnt, andererseits spricht eine Notiz unter Ol. 145 = 200 v. Chr., daß Moschos von Kolophon μόνος παιδικὴν περίοδον vollendet habe, dagegen. Mit 18 Jahren wird Milon — vielleicht an den Isthmien — bereits unter den Männern angetreten sein und sich bis zu seinem 40. Lebensjahre behauptet haben.

Diese ungewöhnlich lange Sporttätigkeit, die durch die Zahl der Siege ja feststeht, läßt sich nur dadurch erklären, daß Milon schon in früher Jugend sich dem Sport gewidmet hat und ein Mann von außerordentlicher Naturkraft und Ausdauer war. Außerdem wird man diesen berühmten Periodoniken immerhin als Gegner gefürchtet haben, so daß Milon — wenigstens im 2. Jahrzehnt seiner Laufbahn — wenig Konkurrenz gehabt haben mag. Siege in einer anderen Kampfart, d. h. unter den Siegen an den Festen der Periodos, sind so gut wie ausgeschlossen, da Milon uns in der reichen Überlieferung nur als Ringkämpfer bekannt ist. Wenn wir alle diese Vermutungen zusammenfassen, können wir der Überlieferung, die von 31 bezw. 32 Siegen an den vier heiligen Agonen berichtet, Glauben schenken, zumal eine Menge Erzählungen über Milon verbreitet waren, die von seiner Kraft Zeugnis geben.[1])

Wenn Milon also zum 7. Male nach Olympia ging und seinen Gegner Timasitheos nicht niederringen konnte, so mag dies für das Alter Milons sprechen, andererseits für die Jugend und Technik seines Landsmannes. (vgl. Paus. VI, 14,5 . . . ἀλλὰ γὰρ οὐκ ἐγένετο οἷός τε καταπαλαῖσαι Τιμασίθεον πολίτην τε ὄντα αὐτῷ καὶ ἡλικίᾳ νέον, πρὸς δὲ καὶ σύνεγγυς οὐκ ἐθέλοντα ἵστασθαι[2]).

Es ist sehr wahrscheinlich, daß Milon nicht mehr an den großen Agonen angetreten ist, nachdem Timasitheos, der infolge

---

[1]) So soll Milon u. a. seine eigene Bildsäule, die von seinem Landsmann Dameas verfertigt war, in die Altis getragen haben (Paus. VI, 14,6) (vgl. Förster n. 122, der sämtliche Belege bringt. Näheres über Milon findet man bei Mezö S. 85 ff.

[2]) Interessant ist, daß wir in der Ilias (XXIII, 710—734) von einem ähnlichen Ringkampf in den Wettspielen des Achilleus zwischen dem Telamonier Aias und Odysseus lesen. Der körperlich unterlegene Odysseus ersetzt die Kraft des Aias durch Schlauheit. Da keiner von ihnen einen entscheidenden Sieg über den anderen erringen kann, — vgl. die Erklärung bei Eustathius zu Il. a. a. O. — tritt Achill als Schiedsrichter dazwischen und erteilt beiden gleiche Preise. (s. Krause, Hell. I, S. 404).

seiner Jugend noch entwicklungsfähig war, ihn besiegt oder ihm zum mindesten erfolgreich Widerstand geleistet hatte. Sicher hat Milon, dessen Vaterstadt durch ihn so berühmt wurde, eine führende Stellung im Staate eingenommen, da er uns auch als Feldherr im Kampf für seine Heimat gegenübertritt. (vgl. Mnasibulos Nr. 51 S. 70).

2. Noch zu Milons Zeiten sehen wir den berühmten Faustkämpfer G l a u k o s , S. d. Demylos, aus Karystos Periodonike werden. Simonides (frg. 23 Diehl) feiert einen seiner Siege (vgl. Quintilian inst. orat. XI 2,14; Luc. pro imag. 2,10; Demosthenes XVIII, 319; Aischines III, 189). — Paus. (VI 10,1 ff.) nennt 1 olymp., 2 pyth., 8 isthm. und 8 nemeische Siege des Glaukos. Nach dieser Stelle des Paus. könnte der olymp. Sieg ein Knabensieg sein. Robert (P. W. s. Glaukias Nr. 11) nimmt einen Männersieg an, Förster (137) einen Knabensieg.

Wenn auch eine sichere Entscheidung hier nicht möglich ist, möchten wir doch diesen von Pausanias erwähnten olymp. Sieg des Glaukos, der ja auch in dem Simonidesfragment 23 D gefeiert wird, für einen Männersieg ansehen. Betrachten wir uns die Paus.-Stelle VI, 10,2 näher: Glaukos hatte eine Pflugschar mit der Faust gerade gehämmert. Sein Vater nahm ihn daraufhin mit nach Olympia in der Hoffnung, daß sein Sohn dank der Schlagkraft seiner Faust den Sieg erringen werde. Paus. schreibt weiter ... ἔνθα δὴ ὁ Γλαῦκος ἅτε οὐκ ἐμπείρως ἔχων τῆς μάχης, ἐτιτρώσκετο ὑπὸ τῶν ἀνταγωνιζομένων, καὶ ἡνίκα πρὸς τὸν λειπόμενον ἐξ αὐτῶν ἐπύκτευεν, ἀπαγορεύειν ὑπὸ πλήθους τῶν τραυμάτων ἐνομίζετο. Glaukos wurde also von seinen Gegnern schwer verletzt, weil er keine Erfahrung im Parieren der Schläge, überhaupt im Faustkampf, hatte. Trotzdem hatte er sich bis zum letzten seiner Gegner durchgerungen, wollte aber geschwächt durch die vielen Wunden den letzten Gang nicht wagen. Der Zuruf seines Vaters — nach Philostrat C. 20 (Jüthner) war es sein Trainer Teisias, der ihn an die beim Pflügen bewiesene Kraft erinnerte (ὦ παῖ τὴν ἐπ' ἀρότρου) — feuerte ihn an, auch seinen letzten Gegner mit der Faust niederzuschlagen.

Nach dem Eindruck, den diese Stelle macht, ist ein Männersieg wahrscheinlicher als einer unter den Knaben. Denn die Unerfahrenheit des Glaukos im olymp. Kampfe läßt doch nicht ohne weiteres auf sein Alter schließen. Glaukos bezwang seine Gegner dank seiner unverbrauchten Kraft, die er wohl erst im Mannesalter (ca. 20.—25. Lebensjahr für den ersten Sieg) voll einsetzen konnte.

Somit kommen wir zu den Siegen und ihrer Datierung selbst. Brunn (Gesch. der griech. Künstler I, 83) hat das Datum des olymp. Sieges, das uns Bekker Anecd. 232 in Ol. 25 = 680 v. Chr. geben, in Ol. 65 = 520 richtig geändert. (εἰκοστήν in ἑξακοστήν). Die Angabe muß abgesehen von der Notiz bei Bekker Anecd. a. a. O., daß Glaukos durch Nachstellungen des Tyrannen Gelon († 477) umgekommen ist, falsch sein, da ja zu dieser Zeit die pythischen, isthmischen und nemeischen Spiele noch nicht eingeführt waren. Wir hätten also Ol. 65 = 520 als Datum des ersten olymp. Sieges des Glaukos. Ferner muß er mindestens 16 Jahre aktiv gewesen sein, da er ja je achtmal an den Isthmien und Nemeen gesiegt hat. Wir hätten Glaukos also in die Zeit von 520—504 einzusetzen. Es ist daher sehr wahrscheinlich, daß Glaukos noch nach 520 in Olympia gesiegt hat; er wird über 30 Jahre alt gewesen sein, als er seine Sporttätigkeit beendete, da wir das Alter für die Männerkämpfe in Olympia nicht zu niedrig ansetzen dürfen. (vgl. die Tabelle).

3. D r o m e u s v. Stymphalos war Dauerläufer (δόλιχος = Dauerlauf-Langlauf) und siegte zweimal in Olympia, zweimal in Delphi, dreimal an den Isthmien und fünfmal an den Nemeen. (Paus. VI, 7,10). Er wird also mindestens 8—10 Jahre lang bei den Spielen im Dolichos führend gewesen sein. Die Datierung seiner Siege macht Schwierigkeiten. Wir wissen nur, daß seine Statue von Pythagoras v. Rhegion verfertigt ist, dessen Tätigkeit Plinius (nat. hist. XXX, 59) bis Ol. 90 = 420 verlegt. Durch den Oxyrhynchos-Papyrus wird nachgewiesen, daß Pythagoras v. Rhegion nach Ol. 82 = 452 noch tätig war. Danach hat man seine Tätigkeit zwischen Ol. 75 und 83 (480—448) gesetzt. (s. Robert Hermes 35, 184 ff.). Robert a. a. O. S. 166 und Rutgers S. 32,4 setzen daher die olympischen Siege des Dromeus Ol. 74 und 75 (484 u. 480); Robert läßt jedoch die Möglichkeit offen, sie in die beiden Lücken des Ox. von Ol. 80 und 81 (460 u. 456) zu setzen. Hyde[1] Nr. 69 und Klee S. 81 folgen diesem Ansatz. Eine Entscheidung ist unmöglich, wenn auch der Vorschlag, die Lücken des Ox. mit den Siegen des Dromeus auszufüllen, meiner Ansicht nach nur mit großer Vorsicht zu erörtern ist. Ol. 77 u. 78 (472 u. 468) sind von Ergoteles besetzt. Dromeus Siege wären kurz vorher oder kurz nachher anzusetzen, jedenfalls noch in der ersten Hälfte des 5. Jahrh. Nach der Anzahl seiner Siege war er ungefähr ein Jahrzehnt auf der Höhe seines Könnens.

4. Der bei weitem berühmteste Periodonike in dieser Zeit ist der Faustkämpfer T h e o g e n e s, S. d. Timoxenos, von

Thasos. Nach Paus. VI, 11,5 siegte er Ol. 75 = 480 im Faustkampf und Ol. 76 = 476 im Pankration; außerdem erlangte er 3 pyth., 10 isthm., 9 nemeische Siege im Faustkampf.

Er hatte Ol. 75 = 480 seine Meldung für Faustkampf und Pankration abgegeben. Sein Gegner im Faustkampf war Euthymos, der Sieger der 74., 76. und 77. Olympiade. Es ist also verständlich, wenn Euthymos, der doch in diesen Jahren in Hochform gewesen sein muß, seinen Gegner Theogenes so zermürbte, daß er nicht mehr imstande war, auch noch im Pankration anzutreten. Nach den damaligen Kampfbestimmungen wurde er wegen Nichtantretens und offensichtlicher Beeinträchtigung des Euthymos mit einer Geldstrafe belegt. Da Euthymos auch in den beiden folgenden Olympiaden Sieger im Faustkampf blieb, kann man sich eines gewissen Verdachtes nicht erwehren, daß Theogenes sich hier einer unfairen Rivalität schuldig gemacht hat, denn der Siegeslauf des Euthymos wurde innerhalb der 12 Jahre (484—472) nur durch die Niederlage gegen Theogenes unterbrochen. Diese Kränkung des Euthymos mußte er ja auch mit einem Talent bezahlen. (Paus. VI, 6,6). Außerdem übernahm er in der nächsten Olympiade nur das Pankration; damit ist offenbar eine Einigung, vielleicht eine Versöhnung der beiden großen Faustkämpfer zustandegekommen oder man hat im Zusammenhang mit der Strafe Theogenes verboten, beide Kampfarten zu belegen. (Paus. VI, 6, 4—6. 11, 2—5).

Für die allgemeine Berühmtheit des Theogenes spricht die Tatsache, daß es außer dem von Glaukias aus Aegina verfertigten Standbild noch mehrere Statuen des Theogenes bei den Griechen und Barbaren gab, die göttliche Verehrung genossen. Nach späterer Sage galt sogar Herakles als Vater des Theogenes. (Paus. VI, 21,2 ff.; Luc. conc. deor. 12).

Die Basis einer delph. Statue des Theogenes mit Inschrift (ca. 400) ist erhalten (I. G. XII 8 add. p. VIII = Pomtow [3]) Delphica II 37. 83 = Berl. phil. Woch. 1909, 252 f. = Syll.³ 36).

Auf dieser Inschrift werden in einem Gedicht die Siege erwähnt und dann einzeln aufgezählt, die mit der Angabe bei Pausanias stimmen. Allerdings it die Gesamtzahl der Siege hier 1300, während Paus. a. a. O. 1400 Siege nennt. Die Angabe auf der delph. Inschrift ist für richtiger zu halten (s. die Erklä-

---

[3]) Durch Pomtows Entdeckung steht fest, daß der Name des Periodoniken Theogenes ist und nicht Theagenes, wie ihn sämtliche Ausgaben und Codd. nennen. Auch ist der Vatername Timoxenos allein richtig, nicht Timosthenes, wie die Hdschr. meist haben (richtig P¹ y Paus. VI 11, 2 Spira).

rung der beiden anderen Lesarten, die Pomtow gibt: Berl. phil. Woch. 1909, 253). Kann Theogenes 1300mal gesiegt haben? Die Möglichkeit besteht m. E. durchaus. Die Inschrift selbst gibt uns wichtige Anhaltspunkte. Es wird nämlich bemerkt, daß er 22 Jahre hindurch nicht besiegt worden ist. Die Zahl ist wohl richtig, denn Theogenes hat ja 10mal an den Isthmien gesiegt[4]). Auf diese 22 Jahre muß man die 1300 Siege berechnen, wenn man auch diese Zeitspanne als das Minimum seiner sportlichen Tätigkeit ansehen muß. Da reicht es nicht aus mit Pyx und Pankration. Nach der Inschrift hat Theogenes aber auch im Dolichos an den Hekatomboia in Argos und nach Paus. VI 11,5 hat er in Phthia in derselben Kampfart gesiegt. Vgl. dazu S. 38 (Epharmostos n. 8) Ende. Das berechtigt uns anzunehmen, daß Theogenes, der ja so gut trainiert war und auch im Training bleiben wollte und mußte, in den kleineren Agonen auch mehrere Laufarten belegt hat. Setzen wir den Fall, er ist in 6 Kampfarten angetreten, so kann er in einem Jahre ungefähr 60mal gesiegt haben, wenn er jährlich an 9 bis 10 Agonen teilgenommen hat. So kämen wir für 22 Jahre ungefähr auf die Zahl 1300. Sie zeigt, daß wir schon stark im Professionalismus der Athleten stehen.

Für die Datierung seiner Siege haben wir zwei Anhaltspunkte: Die 75. Olympiade = 480 und die 76. Olympiade = 476. Im Jahre 480 muß Theogenes mindestens 24—26 Jahre alt gewesen sein, wenn er den routinierten Euthymos, der sicher nicht jünger gewesen ist, — er siegte ja unter den Männern im Jahre 484 — schlagen konnte. Es ist ratsam, die Siege an den Isthmien und Nemeen so zu setzen, daß sie die olymp. Siege zeitlich gewissermaßen einrahmen. Zweifellos hat Theogenes zunächst an den geringeren Agonen der Periodos teilgenommen. Wir können deshalb ohne Bedenken den Beginn seiner Laufbahn um 10 Jahre hinaufsetzen, so daß er um 490 an den Isthmien im Alter von 14—16 Jahren als παῖς gesiegt haben mag.

Theogenes war also nach ungefähr 6 isthm. und 4 nem. Siegen so vorbereitet, daß er es wagen konnte, die Hand nach dem olymp. Kranze auszustrecken. Mit dem Jahre 476 hat Theogenes ohne Zweifel den Höhepunkt seines Könnens und seines Ruhmes erreicht[5]), denn in den folgenden Olympiaden siegen Euthymos und Diagoras im Faustkampf und Kallias im Pan-

---

[4]) Der Doppelsieg im Faustkampf und Pankration an einer Isthmiade macht nicht viel aus.

[5]) Einen danach geborenen Sohn hat er Διοολύμπιος genannt; R. Herzog, Hermes 50 (1915) 319 f.

kration. Um das Jahr 470 wird wohl der Abschluß seiner Laufbahn d. h. seiner Teilnahme an den 4 heiligen Agonen zu setzen sein. Daher können wir mit Zuversicht seinen 3 pyth. Sieg, den er akoniti errang, in das Jahr 474 setzen. Vgl. F. 191; Klee S. 79; Mezö S. 102 ff.; Rutgers S. 36, 1.

Über die Zugehörigkeit der in Olympia gefundenen Weihinschrift (Inschr. Ol. 153) ist man verschiedener Meinung. Treu (Arch. Zeitung XXXVII (1879) S. 212) und neuerdings Pomtow (Berl. phil. Woch. 1909, Sp. 253 u. 766) beziehen sie auf Theogenes. Foucart (B. C. H. XI (1887) S. 289 ff.) und Dittenberger-Purgold zu Inschrift Ol. 153, Sp. 264 ff. machen dagegen berechtigte Einwendungen und wollen sie dem Diagoriden Dorieus v. Rhodos (s. S. 23 Nr. 13) zuweisen.

Praktisch genommen — das sei vorweggesagt — hat die Feststellung der Zugehörigkeit der Inschrift zu dem einen oder anderen Periodoniken m. E. nicht viel Bedeutung, denn einerseits sind die Siege des Theogenes durch Paus. a. a. O., die delph. Inschrift (Pomtow a. a. O.) und die des Dorieus durch Paus. VI 7, 1,4 und die delph. Inschrift (Pomtow Delphica II 87 = Syll.[3] 82 = Berl. phil. Woch. 1909, 766) eindeutig bekannt. Andererseits läßt die Inschrift eine genaue Zuweisung nicht zu, da sie nur sehr fragmentarisch erhalten ist. Außerdem ist, wie Foucart a. a. O. und Dittenberger a. a. O. bemerken, für die 9 nemeischen Siege des Theogenes kein genügender Platz auf dem Stein und für die 10 isthmischen nur bei der von Treu gewählten Anordnung, die ohne Beispiel ist. Pausanias erwähnt nur drei akoniti-Siege (Dorieus in Delphi (VI 7,4); Dromeus v. Mantineia in Olympia (VI 11,4); Herakleides aus Alexandria in Olympia (V 21, 12 ff. Dittenberger zu Inschr. Ol. 153 hat diesen akoniti-Sieg des Herakleides nicht verwertet). Es wäre daher merkwürdig, wenn Pausanias bei einem so berühmten Sieger wie Theogenes den akoniti-Sieg, den er nach der delph. Inschrift bei den Pythien errang, nicht erwähnt hätte. Dazu kommt die Annahme Pomtows (Sp. 767), daß Pausanias nur die Athleteninschriften in Olympia, nicht aber die in Delphi abgeschrieben habe. Hätte er in Olympia den delphischen akoniti-Sieg des Theogenes gelesen, so hätte er ihn erwähnt. Also dürfte die olympische Inschrift nicht dem Theogenes, sondern dem Dorieus gehören. Ferner macht man geltend, daß der dorische Dialekt, für den man die Form Νεμῆι heranzieht, für den Rhodier Dorieus spricht. (vgl. Ditt.-Purg. a. a. O., zuletzt Hiller v. Gärtringen Pauly-Wiss. Suppl. Bd. V Sp. 762). Wenn auch nicht die Heimat des Siegers, sondern der Kampf- oder Aufstellungsort und die Heimat des Künstlers für den Dialekt maßgebender gewesen sein mochten, muß man zugeben, daß für Dorieus mehr Wahrscheinlichkeit besteht als für Theogenes, gegen den sichtlich alle Eigentümlichkeiten des Steins zu sprechen scheinen.

5. Kallias, S. d. Didymias, aus Athen war ein Zeitgenosse des Theogenes. Er siegte Ol. 77 = 472 im Pankration, also 4 Jahre später als Theogenes. (Paus. VI 6,1 u. V 9,3; Inschr. Ol. 146). Die Inschrift seines athenischen Weihgeschenkes (I. G. I² 606 = Syll.³ 69) zählt seine Siege auf: Καλλίας Δ[ιδυμίο ἀνέθεκεν] νικ[ο̃ν] Ὀλ[υμ]πιάσι Πύθια δίς Ἴσθμια πεντάκις Νέμεια τετράκις, Παναθέναια μεγάλα. Wenn auch nach Ditt.-Purg. zu Inschr. Ol. 146 Sp. 252 die athen. Inschrift, die offenbar alle Erfolge des Kallias aufzählt, viel jünger als die olympische ist, die nur den olymp. Sieg erwähnt (Inschr. Ol. 146: Καλλίας . . . παγκράτιον), halte ich es doch für unwahrscheinlich, daß er n a c h seinem Siege im Olympia die anderen Siege errungen habe, wie Förster (Nr. 208) meint. Meiner Ansicht nach bereitete man sich in der Regel durch die Teilnahme an kleineren Agonen auf das höchste Fest vor, um die athletische Ausbildung mit einem Siege in Olympia zu krönen. Kallias kann also auch während der Glanzzeit des Theogenes im Pankration unter den Männern an den Isthmien oder Nemeen und geringeren Agonen gesiegt haben. Wir haben ja ein Zeugnis: Auf der athen. Inschrift steht außer den Siegen an der Periodos: Παναθέναια μεγάλα.

Es steht demnach nichts im Wege, die Zeit und die Siege des Kallias mit denen des Theogenes, der ja doch mehr Faustkämpfer als Pankratiast war, zusammenfallen zu lassen. Ich habe ihn in die Jahre 484—472 gesetzt. Die Datierung wird noch durch die Tatsache gestützt, daß Ephudion (n. 10) in der 79. Ol. (464), also schon 8 Jahre später im Pankration als Sieger hervorging. (Hitzig-Blümner zu Paus. V 9,3 u. VI 6,1; F. 208; Klee S. 79; P.-W. X, 1622).

6. Zur selben Zeit zeichnete sich D a n d i s von Argos als Periodonike im Stadion und Doppellauf aus. Durch ein Simonidesfragment sind seine Siege uns überliefert (frg. 98 Diehl II p. 97). Danach hat er 2 olymp., 3 pyth., 2 isth., 15 nemeische und viele Siege bei anderen Spielen errungen. Als Datum für den einen olymp. Sieg geben Diod. XIX 53, Dionys. Hal. IX 37 und Afric. die 77. Ol. = 472. Den anderen Sieg konnte man weder datieren noch die Kampfart bestimmen. Hierüber brachte uns der Oxyrhynchos-Papyrus Klarheit; danach gewann Dandis Ol.

76 = 476 im Diaulos, wie Rutgers (S. 39,1 bzw. 40) richtig vermutet hatte.

Da wir jetzt wissen, daß Dandis in zwei Laufarten in Olympia gesiegt hat (476-Diaulos, 472-Stadion) können wir uns auch die auffallend hohe Zahl der nemeischen Siege erklären, ohne πεντεκαίδεκα in πεντάκις etwa ändern zu müssen. Es bleibt eben nur die eine Erklärung, daß Dandis in Nemea im Stadion u n d Doppellauf gestartet ist, da er unmöglich 30 Jahre lang als Läufer führend gewesen sein kann. Gleichwohl sind auch noch andere Laufarten möglich, in denen Dandis in Nemea gesiegt haben kann (z. B. ὁπλίτης = Waffenlauf).

Nach den 2 olymp. und den 3 pyth. Siegen sind für Dandis also mindestens 10—12 Jahre Sporttätigkeit anzusetzen; wir können auch ihre Zeit ziemlich genau fixieren: sie sind in die Jahre 480—470 zu legen. Mehr wissen wir von Dandis nicht. (vgl. Krause, Ol. 265; Klee S. 71 u. 79; Kirchner, Pauly-Wiss. IV 2, 2100).

7. Gleichzeitig mit Kallias und Dandis siegte der Dauerläufer E r g o t e l e s, S. d. Philanor, aus Knossos (Kreta). Er errang in jedem der vier heiligen Agone zwei Siege und vollendete so zweimal die Periodos im Dauerlauf (Paus. VI 4,11).

Pindar (Ol. XII, 26) verherrlicht den ersten olymp. Sieg des Ergoteles. Die Scholien dazu geben Ol. 77 = 472 als Datum an. Als Pindar die olymp. Ode XII dichtete, hatte Ergoteles 2 pyth. Siege (außer Siegen auf dem Isthmus) errungen, die entsprechend dem Datum des olymp. Sieges in die Jahre 474 und 470 fallen.

Von den 2 pyth. Siegen des Ergoteles fiel also der zweite hinter den ersten olymp. Sieg und der zweite olymp. auf Ol. 79 = 464; demnach wäre das Gedicht Pindars nach dem zweiten pyth. Sieg d. J. 470 entstanden. Hier brachte der Ox.-Papyrus Klarheit und gab der Ueberlieferung Recht (vgl. Robert a. a. O.). Wir sind also in der glücklichen Lage, sichere Daten für die Siege des Ergoteles zu haben:

1. pythischer Sieg	a. 474 v. Chr.
1. olympischer Sieg	a. 472 v. Chr.
2. pythischer Sieg	a. 470 v. Chr.
2. olympischer Sieg	a. 464 v. Chr.

In dieses Jahrzehnt lassen sich auch bequem die 2 isthm. und die 2 nem. Siege setzen. Ein isthm. Sieg wäre nach der Pindar-Stelle vor 470 zu setzen. Da Pindar die nem. Siege nicht erwähnt, kann mit Sicherheit angenommen werden, daß Ergoteles zwischen 470 und 464 in Nemea zweimal siegte. Auch durch Diodor XI, 53 gewinnen wir einen Anhaltspunkt für die Zeit des Ergoteles. Danach erlangte er, aus seiner Heimat Knossos auf Kreta (Paus. a. a. O.) vertrieben, das Bürgerrecht in Himera (Sic.) im Jahre 472, also zu der Zeit, wo Himera nach dem Sturze von Thrasydaios, dem Sohne des Theron, die Freiheit wieder gewann. (vgl. F. 206.) Deshalb wurde er Ol. 79 = 464 als Himeraier ausgerufen. Wie es nach Paus. a. a. O. den Anschein hat, hat Ergoteles als Bürger eine wichtige Rolle in Himera gespielt, eine Erscheinung, wie wir sie ähnlich bei Milon und Glaukos gesehen haben. (Krause Ol. 280; Rutgers S. 40,1; F. 206; Klee S. 72 u. 79.)

Für die Olympiaden 78 (468) und 79 (464) sind noch drei Periodoniken zu nennen, die alle in der schweren Athletenkategorie kämpfen: Epharmostos im Ringkampf, Diagoras im Faustkampf, Ephudion im Pankration.

8.   E p h a r m o s t o s : Pindar besingt den olymp. Sieg des Epharmostos im Ringkampf in der IX. olymp. Ode; außerdem werden in diesem Gedicht noch 1 pyth., 3 isthm. und 2 nem. Siege erwähnt. Danach war Epharmostos schon Periodonike gewesen, als Pindar das Gedicht verfaßte. Die Scholien bereiten für die Datierung des Gedichts und damit der Siege einige Schwierigkeiten, da sie für den olymp. Sieg die 73. Ol. = 488 und für den pyth. Sieg die 30. Pyth. = 466 angeben. Nach dem Ox.-Papyrus ist das Datum des olymp. Sieges in Ol. 78 = 468 zu ändern. Also siegte Epharmostos 468 in Olympia und 466 in Delphi. Dazu paßt der Inhalt des Gedichtes (1 ff. „In Olympia genügte das Lied des Archilochos, aber jetzt will ich Olympia und Pytho besingen".) Das Siegeslied ist also nach dem pyth. Sieg gedichtet. Die Stellung der isthm. und nem. Siege ist dadurch auch sicher. 466 hatte Epharmostos dreimal an den Isthmien und an den Nemeen gesiegt. Damit kämen wir in das Jahr 471 mit dem 1. nem. Sieg. Epharmostos ist also innerhalb von 6 Jahren Periodonike geworden (s. Tabelle). Klee (S. 97 u. 101) denkt daran, daß Epharmostos den 1. isthm. und nem. Sieg unter den ἀγένειοι errungen haben könnte. Die Vermutung hat Wahrscheinlichkeit für sich; freilich können die Siege auch alle unter den ἄνδρες gewonnen sein, da die Zeit von 6 Jahren verhältnismäßig gering ist. Anderenfalls müßten wir die isthm. Siege weiter hinaufsetzen, was man meiner Ansicht nach ohne Bedenken tun kann, denn Epharmostos siegte ja noch an vielen anderen Orten, wie wir bei

Pindar a. a. O. lesen (Argos, Athen, Marathon, Arkadien, Pellana, Theben und Eleusis).

9. Auch Diagoras, S. d. Damasetos, von Rhodos wird von Pindar Ol. VII gefeiert anläßlich seines olymp. Sieges im Jahre 464. Er siegte außer an vielen kleineren Agonen einmal an den olymp., einmal an den pyth., viermal an den isthm. und zweimal an den nem. Kämpfen (im ganzen sind 18 Siege überliefert). Seine Siege an den vier heiligen Agonen fallen demnach in die Jahre 470—464.

Man kann Diagoras den glücklichsten Periodoniken in diesem Zeitabschnitt (490—464) nennen. Aus seiner Familie gingen nämlich seine Söhne und Enkel als Olympioniken bzw. als Periodoniken (Doricus) hervor. Wir erfahren dies (außer von Aristoteles und Apollas bei einem Scholiasten zu Pindar Ol. IX) von Pausanias VI 7, der auch erwähnt, daß das Bildnis des Diagoras mit den Standbildern der Sieger aus seiner Familie in einer Gruppe aufgestellt war. Diese Gruppe hat wahrscheinlich Umstellungen erfahren, da sich Aristoteles bzw. der Scholiast und Pausanias in der Reihenfolge der Aufzählungen der Statuen widersprechen.[6])

Diagoras war Zuschauer bei der Olympiade 83 = 448 v. Chr. Als seine beiden Söhne, Damagetos im Pankration und Akusilaos im Faustkampf, als Sieger ausgerufen wurden, trugen sie aus Freude hierüber ihren Vater auf den Schultern unter dem Beifall des Publikums im Stadion umher (Cic. Tusc. I 46, 111). Nach Gellius N. A. III 15, ist Diagoras im Überschwang seines Glückes noch in Olympia gestorben (F. 220; Klee S. 80; Mezö S. 96).

10. Auch Ephudion aus Mainalos (Arkadien) siegte Ol. 79 = 464 im Pankration: Scholion zu Aristoph. Wesp. 1190 ff.: εἰ μὴ ἄρα ὁ Ἐφουδίων ἐστὶν ὁ ἐν ταῖς Ὀλυμπιάσι φερόμενος Ἐφουδίων Μαινάλιος οθ'. Wenn das Zeugnis über Ephudion auch indirekt ist, haben wir m. E. doch keine Veranlassung, die Datierung des Scholions anzuzweifeln. Ephudion wird uns doppelt bezeugt: Erathostenes frg. 15 (Jacoby, F. G. H. No. 241, II B), von dem es bei Hesych s. Ἐφωδίων heißt: Ἐρατοσθένης διὰ τοῦ Τ Ἐφωτίωνα ἀναγράφει περιοδονίκην παγκρατιαστήν. ὁ δὲ Πολέμων διὰ τοῦ Δ. Das 2. Zeugnis haben wir bei Aristophanes Wespen 1190 ff.: ἀλλ' οὖν λέγειν χρή σ' ὡς ἐμάχετό γ' αὐτίκα Ἐφουδίων παγκράτιον Ἀσκώνδᾳ καλῶς, ἤδη γέρων ὢν καί πολιός.

---

[6]) Näheres bei Hitzig-Blümner; zu Paus VI 7,1 ff.; Rutgers S. 43,2). Über die Streitfrage der Aufstellung habe ich hier nicht zu entscheiden.

Über die Zahl seiner Siege wissen wir nichts. Man braucht daher auch nicht anzunehmen, daß Ephudion nur einmal in Olympia gesiegt hat, sondern daß er schon in jungen Jahren die Periodos vollendet hat, und der fast unerklärlich scheinende Sieg, den er „mit grauen Haaren" über den jungen Askondas errungen haben soll, allerdings einen würdigen Abschluß seiner Sporttätigkeit darstellt. (F. 221.)

11./12. Agias und Telemachos, SS. d. Aknonios, waren Periodoniken im Pankration bzw. Ringkampf. Das Brüderpaar gehört zu einer thessalischen Familie aus Pharsalos, die Ende des 4. Jahrhunderts ein Weihgeschenk in Delphi errichten ließ, das die einzelnen Mitglieder der Familie und ihre Taten aufzählte. (B. C. H. 1897, S. 593 = Syll.³ 274.) Agias und Telemachos gehören, wie aus dem Stammbaum mit Sicherheit erschlossen werden kann, in das 5. vorchr. Jahrhundert. Agias siegte als erster Thessaler im Pankration der Männer, Telemachos in derselben Olympiade im Ringkampf der Männer. Klee (S. 75) hat unbedingt Recht, wenn er sagt, daß wir die in dem Epigramm behauptete Gleichzeitigkeit der Siege nicht leugnen dürfen. Denn wir sind erst dazu berechtigt, wenn wir beweisen können, daß eine Gleichzeitigkeit unmöglich ist. (Das gegen Preuner, delph. Weihgeschenk S. 36 f.)

Außer der delph. Inschrift haben wir ein Siegerepigramm auf den Pankratiasten Agias, das auf der Basis einer von Lysipp verfertigten Statue stand, die in seiner Heimat Pharsalos errichtet war. (I. G. IX 2, 249.) Es ist genau dasselbe Epigramm; die Zahl der pyth. Siege ist hier verdorben. Man hat τ(όσα) gelesen, während auf dem delph. Epigramm τρίς steht. τρίς ist nach der einleuchtenden Erklärung von Preuner a. a. O. S. 36 vorzuziehen. Über die genaue Datierung der Siege ist man sich nicht einig. Polydamas aus Skotussa (Thessalien) siegte Ol. 93 = 408 im Pankration (s. Afr. u. Paus. VI 5,1. 4—7). Wir hätten also für Agias einen sicheren Terminus ante quem. Es kommt, wie oben angedeutet, nur eine Olympiade in Frage, die für Pankration und Ringkampf unbesetzt ist. Über 480 hinaufzugehen empfiehlt sich nicht, da es dann „unwahrscheinlich wird, daß ein Sohn dieses Siegers bis 404 Archon von Thessalien war" (s. Klee S. 75.) Die Olymp. 75—84 = 480—444 einschl., sind mit Pankration-, bezw. Ringkampfsiegern besetzt. Klee übersieht, daß Ol. 84 = 444 von dem Ringkämpfer Taurosthenes besetzt ist; denn Robert (Hermes XXXV, 179) hat den Zeitpunkt des Sieges, den Förster (288) auf die 95. Ol. = 400 verlegt, auf Grund des Ox. Pap. richtiggestellt: Nach Paus. VI 9,3 war Taurosthenes von Cheimon im Ringkampf besiegt worden, in der folgenden Olympiade aber Sieger geblieben. Durch den Ox. Pap. fällt der Sieg Cheimons über Taurosthenes auf Ol. 83 = 448, der des Taurosthenes also 444. — Ol. 87—89 = 432—424 ist von Dorieus, dem Sohne des Diagoras, besetzt. Ebenso dürfen wir nicht noch unter 424 herunter gehen, da nach dem Stammbaum — für je eine Generation 30 Jahre gerechnet — die „ἀκμή" des Agias schon 428 fällt. Außerdem muß das Epigramm auf seinen Sohn Daochos I. (Syll.³ 274,6) doch einen realen Hintergrund gehabt haben. Hier lesen wir nämlich, daß Daochos I. 27 Jahre lang οὐ βίᾳ, ἀλλὰ νόμῳ regiert hat. Man ist der Ansicht, daß diese 27 Jahre vor 404 fallen, da mit dem Auftreten Lykophrons von Pherae (404 v. Chr.) für Thessalien eine Zeit langer innerer und äußerer Kämpfe hereinbrach, die erst mit Philipps Eingreifen ihren Abschluß fand (vgl. Homolle, B. C. H. 1897, 595. Preuner a. a. .O. S. 16 und Hiller v. Gaertr. Aus der Anomia 1890, 12 f.).

Es bleiben also die Olympp. 85 und 86 = 440—436 frei, in die die Siege der beiden thessalischen Brüder zu setzen sind. Es steht nichts im Wege, die 8—10 Jahre, die die 3 pyth. und die 5 isthm. bezw. nem. Siege ausmachen, in die Zeit von 448—438 fallen zu lassen, da ja die olymp. Siege des Diagoriden Akusilaos im Pankration und der des Aigineten Taurosthenes nicht ausschließen, daß Agias bezw. Telemachos an den anderen Agonen der Periodos siegten.

Sicherlich siegten Agias und Telemachos unter den Männern, da einerseits ein Sieg in einer anderen Altersklasse auf dem Epigramm vermerkt wäre (wie es bei ihrem jüngeren Bruder Agelaos der Fall ist), andererseits wir das Alter des Agias möglichst weit hinaufsetzen müssen.

13.   Das bedeutendste Mitglied der Diagoridenfamilie ist zweifellos D o r i e u s, der jüngste Sohn des Diagoras. Die Zeugnisse über ihn und seine Siege sind so einheitlich, daß wir seine sportliche Tätigkeit genau datieren können.

Er siegte in Olympia dreimal hintereinander im Pankration (Paus. VI 7, 4). Da nach Thuk. III, 8 der zweite olymp. Sieg in das Jahr 428 (= Ol. 88) fällt, haben wir für Dorieus' olymp. Siege die Jahre 432, 428 und 424. Außerdem siegte er in Delphi viermal, auf dem Isthmos achtmal, in Nemea siebenmal, an den Panathenaia viermal, an den Asklepieia viermal, an den Hekatomboia dreimal, an den Lykaia dreimal. Diese Siegesserie gewinnen wir aus einer delph. Inschrift (Pomtow Delphica II 87 = Syll.³ 82 = Berl. phil. Woch. 1909, 766), die Pomtow a. a. O. auf Dorieus bezogen hat. Wie wir oben S. 22 f. erwähnten, gehört Inschr. Ol. 153 sehr wahrscheinlich dem Dorieus. Er ist also dreifacher Periodonike. Warum er in Delphi akoniti siegte (Paus. a. a. O. u. Inschr. Ol. 153), ist nicht auszumachen; wahrscheinlich wird sich für ihn, den berühmten Diagoriden, kein Gegner gefunden haben. Ich bin deshalb geneigt zu glauben, daß der pyth. Sieg akoniti der letzte pyth. Sieg ist, den Dorieus unmittelbar vor dem 3. olymp. Sieg, der wohl als Abschluß seiner ruhmreichen Laufbahn zu betrachten ist, errungen hat (vgl. Ditt.-Purg. zu Inschr. Ol. 153, Sp. 266). Wir hätten also mit den 4 pyth. Siegen bis 438 hinaufzugehen. In diese Zeit fallen dann auch die Siege an den Panathenäen und den anderen Orten, so daß man für Dorieus' agonistische Tätigkeit schon eine Dauer von mindestens 15 Jahren annehmen muß, die er ungefähr als 35jähriger abgeschlossen haben mag. Von da ab scheint sich Dorieus, berühmt als Mitglied der Diagoridenfamilie wie durch seine Siege in ganz Griechenland, der Politik zugewandt zu haben (vgl. Simon. fr. 166 Diehl II, p. 118). Er wurde Führer der Athen feindlichen Partei auf Rhodos. (Ausführlich darüber Swoboda bei Pauly-Wiss. V, 1560, 4 f. und Hiller v. Gaertr. bei Pauly-Wiss. Suppl. V. Sp. 761 f. 772 f.) — Hitzig-Blümner zu Paus. VI 7, 4; F. 258. vgl. F. 825—827.

14. **Dikon**, S. d. Kallimbrotos, v. Kaulonia war Periodonike im Stadion. Er siegte dreimal in Olympia, fünfmal in Delphi, dreimal auf dem Isthmos, viermal in Nemea im Stadion und Doppellauf. (Paus. VI 3, 11; Anth. Pal. XIII 15.) Den ersten olymp. Sieg errang er unter den Knaben, wo er noch als Kauloniate ausgerufen wurde. Bei seinen späteren Siegen ist er als Syrakusier ausgerufen worden, weil die Kauloniaten nach Zerstörung ihrer Stadt in Jahre 389 (= Ol. 97, 4) von Dionysios nach Syrakus eingebürgert wurden (Diodor XIV 106, 3). — s. Rutgers S. 58, 3; Hitzig-Blümner zu Paus. VI 3, 11. Also ist der Knabensieg Ol. 97 = 392 zu setzen. Außerdem ist anzunehmen, daß einer der 5 pyth. Siege in diese Zeit fällt. Mithin ist er sehr wahrscheinlich unter den Knaben errungen und ungefähr in das Jahr 390 zu setzen. Nach Diodor XV 14 und Afr. Ol. 99 = 384 siegte Dikon 384 im Stadion. Die vorhergehenden und die folgenden Olympiaden sind im Stadion besetzt, so daß Dikon wohl auch noch in einer anderen Laufart (Doppellauf, Waffenlauf) entweder in derselben oder in der folgenden Olympiade siegte. Es käme für ihn also etwa die Zeit von 392—380 in Frage, zumal wenn man berücksichtigt, daß er in Delphi auch in 2 Kampfarten an einem Feste gesiegt haben kann). (F. 307. 315/16; Hyde[1] Nr. 33; Klee S. 84).

15.   S o s t r a t o s, S. d. Sosistratos v. Sikyon war Periodonike im Pankration. Er siegte dreimal in Olympia, zweimal in Delphi und an den Isthmien und Nemeen zusammen zwölfmal. (Paus. VI 4, 1 u. B. C. H. VI (1882), 446; Pomtow bei Pauly-Wiss. Suppl. IV Sp. 1242 ff.)

Der erste von den drei olymp. Siegen fällt nach Paus. a. a. O. Ol. 104 = 364. Sostratos' Siege fallen also etwa 367—356, da für die isthm. u. nem. Siege mindestens 11 Jahre gerechnet werden müssen.

Sostratos hatte den Beinamen ἀκροχερσίτης. Vgl. oben S. 15 Reisch, Pauly-Wiss. I, 1197. — F. 349; Klee S. 84. — Pomtow, Klio IX, 183 ff.)

16.   C h i l o n, S. d. Chilon, aus Patrai war Periodonike im Ringkampf. Er siegte zweimal in Olympia, zweimal in Delphi, viermal auf dem Isthmos, dreimal in Nemea. Sein Standbild in Olympia war von Lysippos aus Sikyon verfertigt. Davon ist das Epigramm erhalten bei Paus. VI 4,6:

Μουνοπάλης νικῶ δὶς Ὀλύμπια Πύθιά τ' ἄνδρας,
τρὶς Νεμέᾳ, τετράκις δ' Ἰσθμῷ ἐν ἀγχιάλῳ,
Χείλων (Χείλων)ος Πατρεύς, ὃν λαὸς Ἀχαιῶν
ἐν πολέμῳ φθίμενον θάψ' ἀρετῆς ἕνεκεν.

Pausanias berichtet nicht mehr als in der Inschrift steht. Er hat also seine Angaben nur aus dem Epigramm entnommen, das er ungenau gelesen hat. Da nämlich von je 2 Siegen des Chilon in Olympia und Delphi die Rede ist, ist es falsch, wenn Pausanias nur von einem pyth. Sieg berichtet.

Chilon fiel im lamischen Kriege im Jahre 323/22 (Paus. VII 6,5). Seine Siege wären demnach in die Jahre 330—324 zu setzen. — vgl. die Tabelle. — (F. 384; Rutgers S. 66; Klee S. 84; Hitzig-Blümner zu Paus. a. a. O.)

17.   A s t y a n a x v. Milet war Periodonike im Pankration. Zeugnisse über Astyanax:

Eratosthenes im Schol. Menand. (P. Ox. III, 409) = F. G. H. No. 241 F. 8: Ἀστυάνακτος] τοῦ Μιλησίου Ἀστυάνακτος πολλοὶ σφόδρα τῶν κωμῳδιογράφων μέμνηνται. ἐγένετο γὰρ παγκρατιαστὴς κράτιστος τῶν καθ' αὑτόν· ἠγωνίσατο δὲ καὶ πυγμῇ· Ἐρατοσθένης δ' ἐ[ν τῷ] τῶν Ὀλυμπιονικῶν προθεὶς ϱ̅ι̅ϛ̅ ὀλυμπιάδα φησίν· Ἀστυάναξ ὁ Μιλήσιος ϛ τὴν περίοδον ἀκονιτί.

Synkell. p. 521,10: Ἀστυάναξ Μιλήσιος παγκράτιον νικᾷ τὸ τρίτον·

Athen. X 4 p. 413 A (= Theod. v. Hierapolis FHG IV 513): Ἀστυάναξ δ' ὁ Μιλήσιος τρὶς Ὀλύμπια νικήσας κατὰ τὸ ἑξῆς παγκράτιον κτλ.

Schol. Theokr. IV 34/36: εἰς Αἴγωνα μετήνεγκε τὰ περὶ τοῦ Μιλησίου Ἀστυάνακτος ἱστορούμενα· φασὶ γὰρ τοῦτον Ἴσθμια νικήσαντα ...

Die Notiz des Scholiasten zu Menander (P. Ox. III, 409) Ἀστυάναξ ὁ Μιλήσιος ϛ τὴν περίοδον ἀκονιτί ist für uns maßgebend. Allerdings kann damit nicht gemeint sein, daß Astyanax sechsmal akoniti die Periodos vollendet habe. Immerhin ist möglich, daß Astyanax sechsmal in Olympia gesiegt hat und beim 6. Male eben akoniti; das würde bedeuten, daß Astyanax so auf der Höhe war, daß niemand gegen ihn antreten wollte. Für diesen 6. olymp. Sieg käme dann die Ol. 116 = 316 v. Chr. in Betracht. Hier müssen wir die Notiz ἠγωνίσατο δὲ καὶ πυγμῇ heranziehen, denn Astyanax kann auch im Faustkampf an einer oder mehreren Olympiaden gesiegt haben. Jedenfalls hat er dreimal hintereinander im Pankration gesiegt (siehe die Notiz bei Synkellos a.a.O. und Athenaios a.a.O.). Danach hat es viel Wahrscheinlichkeit für sich, daß Astyanax dreimal nacheinander πὺξ καὶ παγκράτιον gesiegt hat, also 324, 320, 316 (d. h. 6 Siege in 3 Olympiaden). vgl. die Tabelle Nr. 17.

Die Zeit für die Siege des Astyanax würde also in die Olympiaden 114—116 = 324—316 fallen [7]).

18   Antenor, S. d. Xenares, aus Milet war Periodonike im Pankration.

Afr. Ol. 118 = 308: Ἀντήνωρ Ἀθηναῖος ἢ Μιλήσιος παγκράτιον ἀκονιτί, περιοδονίκης, ἄληπτος (lies ἄλειπτος) ἐν ταῖς τρισὶν ἡλικίαις.

Auf einer Inschrift, die die Sieger an den Lykäen von 320/19 bis 304/3 aufzählt, kommt ein Antenor, S. d. Xenares, als Sieger im Pankration unter den Männern vor. (I. G. V 2, 549 Z. 20 = Syll.³ 314[7]).

Man wird nicht fehlgehen mit der Annahme, daß wir es hier mit dem bei Africanus erwähnten Periodoniken zu tun haben. Die Notiz bei Africanus a.a.O. ist meiner Ansicht nach so zu verstehen: Der Periodonike Antenor siegte in Olympia im Jahre 308 im Pankration akoniti. Außerdem war er unbesiegt in den drei Altersklassen, d. h. er kämpfte unter den Knaben, Ageneioi und den Männern, ohne je besiegt zu werden.

So gesehen ist Pausanias' Bemerkung durchaus glaubwürdig.

---

[7]) Für die Zeit des Astyanax kommt noch der Synchronismus mit Ariobarzanes (bei Athen. X 413a) in Betracht, der von Alexander 330 besiegt und dann in Gnaden aufgenommen wurde (Pauly-Wiss. II 833, Nr. 4).

Klee (S. 85) zieht m. E. mit Unrecht ἐν ταῖς τρισὶν ἡλικίαις zu παγκράτιον und zu περιοδονίκης. Wir müssen nämlich περιοδονίκης von ἐν ταῖς τρισὶν ἡλικίαις trennen, da wir keine olymp. und pyth. Siege Antenors im Pankration der Knaben annehmen dürfen. denn nach Afr. Ol. 145: Προσετέθη παίδων παγκράτιον . . . wurde das Pankration für Knaben erst 200 v. Chr. eingerichtet. Außerdem kann Antenor ja an anderen Agonen unter den Ageneioi gesiegt haben, wenn es in Olympia und Delphi nur 2 Klassen gab. Wir sehen ein, daß Antenor sehr wohl ἄλειπτος gewesen sein kann. Klee's Einwände gegen τρισίν wären also hinfällig.

Den Sieg an den Lykäen (I. G. V 2, 549) setzt A. Rehm (das Delphinion in Milet S. 298) in das Jahr 313 oder 315 v. Chr., „je nachdem die Lykäen als zwei- oder vierjähriges Fest betrachtet werden". Trotz der Ausführung E. Preuners im Hermes LVII (1922) 102 f. halte ich die Datierung Klee's S. 67 für genauer, der den lykäischen Sieg des Antenor mit guten Gründen in das Jahr 311 setzt.

Antenor begegnet uns auch in einem Beschluß der Athener, die ihn im Jahre 305 zum Ehrenbürger von Athen machten (= I. G. II² 169). — Vgl. A. Wilhelm, Athen. Mitt. XXXIX (1914) 285 ff. Schließlich war er im Jahre 280/79 Stephanephoros von Milet (= Milet I 123 = Syll.³ 322). Vergl. Kirchner I. G. II² 1, Fasc. Add. Nr. 472. (Außerdem erwähnt ihn Machon bei Athen. XIII 578b als Geliebten der Mania, einer Freundin des Pankratiasten Leontiskos).

Wir haben also für Antenors Leben und Siege folgende Daten:

311 = Sieg an den Lykäen im Pankration der Männer
308 = Sieg akoniti in Olympia im Pankration der Männer
305 = Ehrenbürger von Athen
280/79 = Stephanephoros v. Milet.

Den olymp. Sieg im Jahre 308 kann man mit Zuversicht als Abschluß der agonistischen Tätigkeit Antenors betrachten, so daß die Siege unter den Knaben und Ageneioi in das vorletzte Jahrzehnt des 4. Jahrhunderts fallen. Vgl. Tabelle Nr. 18; F. 409.

19. H e r o d o r o s aus Megara war Periodonike als Bläser. Nach Athenäus X 7 (414 F) war er zehnfacher Periodonike, nach Pollux IV 89 sogar siebzehnfacher.

Er konnte auf 2 Trompeten auf einmal blasen, so daß man sich ihm wegen der ungeheueren Tonstärke nicht nähern konnte. Mit seiner Kunst war er dem Demetrios Poliorketes bei der Belagerung von Argos behilflich (303 v. Chr.). Herodoros ist demnach in die zwei letzten Jahrzehnte des vierten Jahrhunderts zu setzen. Wenn auch Herodoros unter den Periodoniken der einzige ist, der eine so lange Tätigkeit aufzuweisen hat, haben wir keinen Grund, an der Richtigkeit der hohen Zahl der Siege zu zweifeln. Wir werden sehen, daß auch die anderen uns bekannten Herolde und Bläser viele Siege errungen haben — vgl. Nr. 39 und 46. (F. 395; Mezö S. 66.)

20. Pythagoras von Magnesia am Maeander war Periodonike im Stadion. Wie wir aus einer Phlegon zugeschriebenen olymp. Chronik (= F. G. H. 257a F 4) erfahren, errang er 2 olymp., 2 pyth., 5 isthm. und 7 nem. Siege. Unter derselben Olympiade werden von ihm noch zwei Siege im ὁπλίτης erwähnt ([ὁπλ]εί[τη]ν δίς). Africanus bezeichnet Pythagoras als zweimaligen Sieger im Stadion Ol. 120 u. 121 = 300 u. 296.

Jacoby meint (Kommentar z. F. G. H. 257a F 4 S. 851): „ὁπλίτην δίς bedeutet einen zweiten Sieg in einer anderen Kampfart der gleichen Olympiade."

Ich kann Jacoby hier nicht folgen. ὁπλίτην δίς heißt m. E.: 2. Sieg im Hoplites. Diese beiden Siege würden mit den beiden von Africanus überlieferten Stadionsiegen zeitlich zusammenfallen: 300 u. 296. 2 Beispiele zur Begründung: Mnasibulos (Nr. 51) wurde Periodonike im Stadion und Hoplites. Leonidas (S. 6) siegte sogar in 3 Laufarten an einem Tage. Weniger wahrscheinlich ist die Annahme, daß Pythagoras in Olympia nur 296 im Stadion, dagegen 300 und 296 im Hoplites, oder gar nur 296 in beiden Kampfarten gesiegt hat.

21. Nikon aus Böotien ist uns als Periodonike unter derselben Olympiade 121 = 296 überliefert mit 2 olymp., 2. pyth., 4 isthm. und 4 nem. Siegen (= F. G. H. a. a. O.) im Pankration. Die Siegeszahlen dieses Nikon könnten vermuten lassen, daß er in der Periodos, also in einem Zeitraum von 3—4 Jahren, die Periodos vollendet hat. (περίοδος ἐν περιόδῳ)?

Er müßte demnach bei 2 olymp. (300 u. 296) und 2 pyth. Siegen je 4 Siege an den trieterischen Isthmien und Nemeen erlangt haben (s. Tabelle Nr. 21). —

22. Archippos, S. d. Kalliphanes, v. Mytilene war Periodonike im Faustkampf der Männer im Alter von 20 Jahren (Paus. VI 15,1). Er muß also mindestens 18 Jahre alt gewesen sein, als er die Periodos begann. (s. Tabelle Nr. 22). Wir sehen auch hier, daß man schon in diesem Alter unter den Männern

konkurrieren konnte. Zeit: Die Basis einer olymp. Inschrift (Inschr. Ol. 173), die der Herausgeber richtig auf Archippos bezieht, wird nach dem Schriftcharakter um 300 angesetzt. — F. 757; Klee S. 85 —.

23. Philinos, S. d. Hegepolis, v. Kos war Periodonike mit 5 olymp., 4 pyth., 11 isthm. u. 4 nem. Siegen im Lauf. (Paus. VI 17,2; Theokrit II 114). Africanus führt ihn unter Ol. 129 u. 130 = 264 u. 260 als Sieger im Stadion. Förster (Nr. 441) vermutet mit großer Wahrscheinlichkeit, daß zu den bei Africanus erwähnten Stadionsiegen noch je einer in einer anderen Laufart dazukommt und diesen vier olymp. Siegen ein Knabensieg im Stadion vorausging. Hiermit lassen sich m. E. die 11 isthm. Siege in Einklang bringen, indem man einen Knabensieg im Stadion annimmt und dann 5 Siege in zwei Laufarten. Wir kämen damit in das Jahr 270, wenn man Ol. 130 = 260 als Abschluß der Tätigkeit des Philinos annimmt. Theokrit II 114 spielt auf ihn im Anfang seiner Laufbahn an. (S. Tabelle Nr. 23.) F. 441/42. —

24. Kleoxenos aus Alexandria war Periodonike im Faustkampf. Afr. Ol. 135 = 240 v. Chr.: Πυγμὴν Κλεόξενος Ἀλεξανδρεύς, περιοδονίκης ἀτραυμάτιστος. Diesem Faustkämpfer gelang es also als Sieger hervorzugehen, ohne verwundet zu werden. Dies setzte gewiß eine überragende Technik voraus, die hauptsächlich in der Verteidigung gut entwickelt war. Immerhin wird man hier die kürzeste Zeit zur Vollendung der Periodos annehmen, also 242—240. (s. Tabelle Nr. 24).

25. Damatrios, S. d. Aristippos, aus Tegea war Periodonike im Dolichos. Seine 21 Siege werden in einer tegeatischen Inschrift aufgezählt (= I. G. V 2, 142). Davon sind 4 Knabensiege verzeichnet:

ein Sieg bei den Olympien (Stadion),
ein Sieg bei den Nemeen (Dolichon),
ein Sieg bei den Asklepien und
ein Sieg bei den Aleäen (Dolichon).

Die anderen sind Männersiege, die im Dolichos errungen sind, außer zwei Siegen in den Hekatomboien.

Diese 17 Siege verteilen sich folgendermaßen:

Olympia	1	Lykaia	3
Pythia	1	Aleaia	3
Nemea	3	Hekatomboia	2
Isthmia	3	Basileia	1

Die Knabensiege sind dem Rang nach geordnet, die Männersiege nicht. Immerhin ist es denkbar, daß sie chronologisch geordnet sind. Klee (S. 55 f.) hat diese Inschrift ausführlich und m. E. richtig besprochen. Die Aufzählung der Siege in chronologischer Reihenfolge ist so, daß man Damatrios als περιοδονίκης ἐν τῇ περιόδῳ ansehen könnte, denn von den Nemeen als 2. Männersieg bis zu den Olympien liegt, wie Klee S. 56 zeigt, nur ein Zeitraum von drei Jahren (s. Tabelle Nr. 25).

Zeit: Hiller v. Gaertr. zu I. G. V 2, 142: „ungefähr Ende 3. Jahrhundert".

26. M o s c h o s v. Kolophon war Periodonike im Faustkampf der Knaben (= Afr. Ol. 145 = 200). Wie Africanus a. a. O. bemerkt, war er der einzige [8]), der unter den Knaben Periodonike wurde: μόνος παιδικὴν περίοδον. Er war demnach kaum 18—20 Jahre alt, als er schon an den vier heiligen Spielen gesiegt hatte (s. Tabelle No. 26). — F. 480; Klee 86.

27. X e n o t h e m i s , S. d. Kleostratos, v. Milet (?) war Periodonike im Faustkampf.

Greek Inscr. of the British Museum fasc. 4, No. 929: Ξενόθεμις Κλεοστράτου νικήσας Διδύμεια πυγμὴν παῖδας καὶ ἄνδρας, Ὀλύμπια ἄνδρας, Νέμεα, Ἴσθμια, Πύθια καὶ τοὺς λοιποὺς ἀγῶνας.

Er gewann unter den Knaben und Männern bei den Didymeen, bei den Agonen der Periodos und anderen Festen. Man wird also für seine agonistische Tätigkeit ungefähr eine Dauer von 6—8 Jahren annehmen können. Die penteterischen, panhellenischen Didymeia sind zwischen 212 u. 200 v. Chr. eingerichtet (Herzog bei Klee 73[1] zu Inschr. Milet 3, 143, 10). Demnach haben wir einen terminus post quem für Xenothemis, dessen Inschrift Klee (S. 76,6) nach dem Schriftcharakter in das 2. vorchr. Jahrh. setzt. Die olymp. Inschrift setzt Dittenberger noch ins 3. Jahrh.

28. E p i t h e r s e s , S. d. Metrodoros, aus Erythrai war Periodonike im Faustkampf. Das Bathron seines Standbildes (Inschr. Ol. 186) trägt die Inschrift: Ὁ δῆμος ὁ Ἐρυθραίων Ἐπιθέρση Μητροδώρου, νικήσαντα ἄνδρας πυγμὴν Ὀλύμπια δὶς καὶ τὴν περίοδον. Πυθόκριτος Τιμοχάριος Ῥόδιος ἐπόησε. Pausanias' Angaben (VI 15, 6) stammen aus dieser Inschrift; allerdings ist es zweifelhaft, ob man das δίς bei Ὀλύμπια auch auf die übrigen Agone beziehen darf, wie es Pausanias tut. Sollte er die 2 olymp. Siege hintereinander errungen haben, so könnte er doch innerhalb dieser 4 Jahre je zweimal an den Isthmien und Nemeen gesiegt haben (vgl. Tabelle Nr. 28). — Die Zeit der rhodischen Künstlerfamilie,

[8]) s. IV B b. 61.

zu der Pythokritos gehört, fällt nach den Untersuchungen von Schumacher (Rh. Mus. XLI, 223 ff.) und Hiller v. Gaertr. (Wochenschr. f. kl. Phil. 1893 Sp. 856) in das Ende des 3. oder Anfang des 2. vorchr. Jahrhunderts. Zuletzt: Hiller v. Gaertr. bei Pauly-Wiss. Suppl. V 228 „c. 170 v. Chr." Klee (S. 74) ergänzt zu I. G. II 2,967b Z. 22 in 'Επιθέρσ]η[ς Μ]ητροδώρου, was gesichert scheint. Epitherses hätte demnach auch an den Panathenäen im Faustkampf der Ageneioi gesiegt. — Die Datierung der Inschrift durch Ferguson (Klio VIII, 349 ff.) auf ca. 190 paßt zu Obengesagtem. Somit fielen die Siege des Epitherses ca 186—180 (F. 510).

29. Menodoros, S. d. Gnaios, v. Athen war Periodonike im Ringkampf oder Pankration. Die Weihinschrift seines Standbildes, das Apollo geweiht war, ist auf Delos gefunden (B. C. H. XXXI (1907) 433 ff.). Auf dieser Tafel aus weißem Marmor sind die Siege des Menodoros verzeichnet, von dem es heißt: ... Μηνόδωρον ... νικήσαντα τὴν περίοδον καὶ τοὺς ἄλλους ἱεροὺς ἀγῶνας. Merkwürdigerweise sind die Pythien und Isthmien nicht genannt. Man könnte daher versucht sein, sie in die beiden Lücken, wo die Kampforte fehlen, einzusetzen. — Menodoros siegte also zweimal in Olympia (ob der erste Sieg im Ringkampf errungen wurde, ist nicht auszumachen), dreimal in Nemea im Ringkampf und Pankration der Männer, einmal im Ringkampf der Ageneioi und an andern Orten: Im ganzen sind 32 Siege verzeichnet. Aus der Reihenfolge der Siege ist nicht sicher zu entscheiden, ob sie chronologisch geordnet sind oder am gleichen Ort bei derselben Feier errungen sind. Wie lange die agonistische Tätigkeit des Menodoros war, ist demnach auch nicht zu errechnen, zumal außer den Agonen der Periodos jährliche Feste (Herakleia in Theben, Soteria in Delphi, vgl. Klee S. 68), trieterische (Heraia und Lykaia) und penteterische Feste (Panathenaia etc.) vorkommen (s. Klee, S. 75). Immerhin wird man 6—8 Jahre für Menodoros' Tätigkeit ansetzen dürfen, die Klee (S. 75 f.) nach 166 v. Chr. setzt.

30. Hagesarchos, S. d. Archestratos (?), v. Tritaia war Periodonike im Faustkampf (Paus. VI, 12, 8 aus einem Epigramm schöpfend). Der Vatername (αἱ μεστράτου codd.) gilt für verdorben. Herzog (bei Klee 87) nimmt ΑΡΧΕΣΤΡΑΤΟΥ an, da wohl Pausanias ein P als I gelesen hat, und M in X verlesen sein kann. Dieser Name wird dann besser zu Hagesarchos passen. Seine Statuen verfertigten die Söhne des Polykles (Paus. VI 12, 9), der von Plinius (nat. hist. XXXIV 52) Ol. 156 = 156 gesetzt wird. Für Hagesarchos käme also die 2. Hälfte des 2. Jahrhunderts in Betracht. (F. 529; Klee S. 87; Hitz.-Bl. zu Paus. VI 12, 8 f.)

31. Isidoros aus Alexandria war Periodonike im Ringkampf und siegte Ol. 177 = 72 v. Chr. in Olympia. Als solcher wird er erwähnt von Phlegon v. Tralles bei Phot. Bibl. 97 unter Ol. 177 = 72 v. Chr. (= F. G. H. 257 F 12); er vollendete die Periodos „ἄπτωτος" (s. S. 10). F. 556.

32. Straton, S. d. Korrhagos, aus Alexandria siegte an einem Tage im Ringkampf und Pankration in der 178. Ol. = 68 v. Chr. (Stratonikos: Afr. zu ροη'; Paus. V 21, 9 u. VII 23, 5). Nach Aelian (Var. hist. IV 15) siegte Straton zweimal hintereinander in Olympia, außerdem bei den Pythien, Isthmien und Nemeen. Pausanias erwähnt den zweiten olymp. Sieg des Straton nicht, aber wir haben keinen Grund, an der Glaubwürdigkeit des Aelian zu zweifeln. Allerdings ist es unwahrscheinlich, daß der 2. olymp. Sieg ebenfalls im Ringkampf u n d Pankration errungen ist. — Nach Africanus erlangte er in Nemea an einem Tage 4 Siege unter den Knaben und den Ageneioi, wahrscheinlich im Ringkampf und Pankration (vgl. Tabelle No. 32). — Seine Siege fallen demnach ungefähr in die Jahre 73—64. (Rutgers S. 81; F. 570/71; Hitzig-Blümner zu Paus. a. a. O. — Pauly-Wiss. IV A Sp. 317.)

33. Demokrates, S. d. Demokrates, v. Magnesia a/M. war Periodonike im Faustkampf (= Inschr. v. Magnesia 149. Er siegte dreimal in Olympia, einmal in Delphi, je zweimal an den Isthmien und Nemeen. Wahrscheinlich gehört Inschr. Ol. 211 oder 212 demselben Sieger; die Herausgeber setzen die Inschriften in das 1. Jahrhundert v. Chr. (Klee S. 76, 7—9).

34. Philippos Glykon, S. d. Asklepiades, v. Pergamon war Periodonike im Pankration (Inschr. v. Pergamon 534, 535).

534 ὁ δῆμος ἐτίμησεν Φίλιππον Ἀσκληπιάδου Γλύκωνα . . . τὸ δεύτερον νικήσαντα παῖδας πάλην ἀγενείους παγκράτιον μιᾷ ἡμέρᾳ πρῶτον τῶν Περγαμηνῶν.

535. . . . . . νικήσαντα Ὀλύμπια, Πύθια, Ἄκτια, ἄνδρας παγκράτιον παῖδας παγκράτιον· Ἴσθμια ἄνδρας πυγμήν. Νέμεια ἐν Ἄργει δὶς κατὰ τὸ ἑξῆς πυγμὴν καὶ τοὺς λοιποὺς ἱεροὺς καὶ στεφανίτας ἀγῶνας ἐν Ἀσίᾳ καὶ Ἰταλίᾳ καὶ Ἑλλάδι.

Er siegte zweimal in Olympia in beiden Altersklassen, ebenso zweimal in Delphi, einmal bei den Isthmien unter den Männern im Faustkampf und zweimal bei den Nemeen hintereinander im Faustkampf, außerdem an den Actia, die im Jahre 28 v. Chr. von Augustus gegründet wurden, und an vielen anderen Spielen in Asien, Italien und Griechenland. Der olymp. Männersieg fällt vermutlich 20 v. Chr., da Horaz den Glykon Epist. I 1,

30 (ca. 20 gedichtet) erwähnt. Wir können also bis 26 mit dem pyth. Knabensieg hinaufgehen (s. Tabelle 34). Sein Grabepigramm Anth. Pal. VII 692 (Stadtmüller).

Γλύκων, τὸ Περγαμηνὸν 'Ασίδι κλέος,
ὁ παμμάχων κεραυνός, ὁ πλατὺς πόδας,
ὁ καινὸς "Ατλας αἵ τ' ἀνίκατοι χέρες
ἔρροντι· τὸν δὲ πρόσθεν οὔτ' ἐν 'Ιταλοῖς
οὔθ' [9]). 'Ελλάδι στρωτόν ποτ' οὔτ' ἐν 'Ασίδι
ὁ πάντα νικῶν 'Αίδης ἀνέτραπεν.

In der Inschrift von Pergamon 534 wird uns ein besonderes Ereignis innerhalb seiner Laufbahn überliefert. Es gelang ihm nämlich, bei seinem 2. Knabensieg im Ringkampf an demselben Tage auch unter den Ageneioi im Pankration als Sieger hervorzugehen.

35.   H e r m a s , S. d. Ision, aus Antiochia am Orontes war Periodonike im Pankration (Inschr. Ol. 231): Ἑρμᾶς 'Ισίωνος 'Αντιοχεὺς ἀπὸ Δάφνης, νεικήσας 'Ολύμπια δὶς καὶ τὴν λοιπὴν περίοδον ἐν τῇ περιόδῳ σὺν δὶς Νεμείοις καὶ 'Ακτίοις καὶ 'Ηραίοις, ἄνδρας παγκράτιον, Διὶ 'Ολυμπίῳ.

Er siegte zweimal in Olympia, einmal in Delphi, einmal auf dem Isthmos und zweimal an den Nemeen, außerdem an den Actia und Heraia. Wir haben hier den Zusatz ἐν τῇ περιόδῳ, der nur bedeuten kann, wie Dittenberger zu Inschr. 231͞ richtig bemerkt, daß Hermas die Periodos vollendete in der kürzesten möglichen Zeit, in der man die 4 Agone absolvieren kann. Das wäre also nach der Tabelle (No. 35) in einem Zeitraum von 2 (höchstens 3) Jahren möglich. Das δίς bezieht sich nur auf die Nemeen. Hieraus könnten wir schließen, daß bei Periodoniken der Zusatz „Καὶ τὴν περίοδον" oder „Καὶ τὴν λοιπὴν περίοδον" auf einen einmaligen Sieg an den Agonen der Periodos hinweist ohne Rücksicht auf die Zahl der olymp. Siege. Wenn ein Periodonike mehrere Siege errungen hat, wird dies bemerkt (vgl. „'Ολύμπια δίς" — „σὺν δὶς Νεμείοις").

Das Jahr 28 v. Chr. ist terminus post quem, weil die von Augustus im Jahre 28 gegründeten Aktia erwähnt werden. Da Philippos Glykon die Zeit von 26—20 v. Chr. einnimmt, käme für Hermas frühestens Ol. 191 u. 192 = 16 und 12 v. Chr. in Betracht. (F. 595.)

---

[9]) οὔθ' . . . στρωτόν: Umschreibung für ἄστρωτος (nicht niedergeworfen)? s. S. 15.

36. **Heras** (Kurzname für Herodoros) aus Laodikeia (Phrygien) war Periodonike im Pankration. Außerdem siegte er an den Olympien zu Smyrna und Pergamon sowie in anderen Kampfspielen. Seine Siege werden in einem Epigramm von Philippos aus Thessalonike gefeiert [10]), der bis in die Zeit des Kaisers Nero literarisch tätig war. Rutgers S. 123. Im Jahre 13 n. Chr. siegte Aristeas aus Stratonikea in Karien im Ringkampf und Pankration (vgl. unten Nr. 38). (Afr. Ol. 198) — F. 609/10. — Heras' Siege fallen also ca. 30—60 n. Chr.

37. **Unbekannter** Periodonike (Inschr. Ol. 230): . . νικήσας Ὀλύμπια δίαυλον ἅπαξ καὶ ὁπλείτην τρὶς κατὰ τὸ ἑξῆς καὶ τὴν λοιπὴν περίοδον σὺν Ἀκκτίοισι, Διὶ Ὀλυμπίῳ. Hier wird ein Periodonike erwähnt, der dreimal hintereinander in Olympia siegreich war. (1 Sieg in Diaulos, 3 Siege im Waffenlauf); außerdem siegte er in den Aktien. Die Erwähnung der Aktien und der Schriftcharakter der Inschrift deuten auf die Kaiserzeit — wahrscheinlich 1. Jahrhundert n. Chr. — hin. (Ditt. Erg. zu Inschr. Ol. 230; F. 624/25.)

38. **Der Sohn des Aristeas** aus Stratonikea war Periodonike im Pankration (C. I. G. 2723): τοῦ] Ἀρισ[τ]έου, Κ[ω]ρα[σέως, νικῶ]ντος . . . . . Ὀλύμπια?] Πύθια, Νέμεα, [Ἴσθμια? παγκράτιον . . . . . ἐν περιόδ[ῳ. Außerdem siegte er unter den Ageneioi in den Aktien. Sein Vater war „herakleischer Doppelsieger" und siegte Ol. 198 = 13 n. Chr. (Afr. Ol. 198; Paus. V 21, 10; F. 609/10.) Die Siege seines Sohnes fallen demnach ca. 35—41 n. Chr. (F. 626.)

39. **Diogenes**, S. d. Dionysios, aus Ephesus war Periodonike als Bläser (Inschr. Ol. 232). Er hat 5 olymp., 2 pyth., 3 isthm. und 3 nem. Siege errungen; außerdem siegte er zweimal in den Spielen des κοινὸν Ἀσίας, zweimal in Neapel, einmal bei den Heräen von Argos und in vielen anderen Spielen. Im ganzen brachte er es zu 80 Siegen. — Wie Dittenberger zu Inschr. Ol. a. a. O. richtig bemerkt, deutet die Inschrift auf die vorhadrianische Zeit hin, da keines der zu Ehren Hadrians an mehreren Orten gefeierten Feste erwähnt wird; auch nicht die Panhellenien zu Athen, die während Hadrians Aufenthalt in Griehenland eingeführt wurden. (Dio Cass. LXIX 12, 2.) — Vgl. Inschr. Ol. 237. — In Anbetracht der 5 olymp. Siege und der großen Zahl der anderen Erfolge können wir für Diogenes' Zeit und Tätigkeit rund 20 Jahre annehmen, also ca. 40—60 n. Chr. (s. Tabelle Nr. 39). — F. 815—19.

---

[10]) v. 6 wird wohl Ἄργος nicht die Heräen, sondern die Nemeen bedeuten. Nur so kommt die Periodos zustande.

40. T. Flavius Artemidoros, S. d. Artemidoros, aus Adana in Kilikien war Periodonike im Pankration (I. G. XIV 746.) Er siegte in Olympia zweimal, in Delphi zweimal, an den Nemeen zweimal, an den Isthmien einmal als Ageneios im Pankration, in der nächsten Isthmiade (καὶ τῇ ἑξῆς πενταετηρίδι) im Ringkampf und Pankration, in der nächsten Isthmiade wieder im Pankration, So ist m. E. die Aufzählung zu verstehen: ..... παγκράτιον Ἴσθμια ἀγενείων ..... καὶ τῇ ἑξῆς πενταετηρίδι ἀνδρῶν πάλην καὶ παγκράτιον καὶ πάλιν ἀνδρῶν παγκράτιον πρῶτος ἀνθρώπων ... Er war der erste Pankrationsieger bei der Eröffnung der großen kapitolinischen Spiele, die von Domitian im Jahre 86 n. Chr. eingeführt wurden. Um diese Zeit fallen also die Siege des Periodoniken. Sie sind auf der Marmortafel der Statue aufgezählt, die er seinem Vater, dem Sohne des Athenodoros, in Neapel errichtete. Wie wir sehen, hat Artemidoros noch viele Siege in Asien, Griechenland und Italien errungen, die ihn offenbar so berühmt machten, daß man ihm das römische Bürgerrecht gab. (Er war auch Bürger von Antiochia in Syrien.) Zur Datierung der vielen Siege vgl. Tabelle Nr. 40. (F. 657.) — Martial VI 77, 3: tam fortis, quam nec, cum vinceret, Artemidorus.

41. T. Flavius Metrobius, S. d. Demetrios, aus Jasos in Karien war Periodonike im Dauerlauf der Männer. Er war der erste Jasier, der diesen Erfolg aufweisen konnte; außerdem siegte er als „πρῶτος ἀνθρώπων" in den kapitolinischen Spielen zu Rom in derselben Kampfart (86 n. Chr.). Von seinem Standbild ist die Basis mit Weihinschrift erhalten (C. I. G. 2682). Daraus erfahren wir auch die Zeit: ΣΙ]Ζ = Ol. 217 = 89 n. Chr.

Auch Metrobius besaß das Bürgerrecht von Rom. (F. 665.)

42. T. Flavius Archibius aus Alexandria war Periodonike im Pankration. (I. G. XIV 747). Er errang 2 olymp. Siege (hintereinander) im Pankration der Männer, 4 pyrth. Siege (hintereinander), 1. pyth. Sieg unter den Knaben [11]) im Pankration,

---

[11]) Die Ergänzung ... παγκρά[τιον Πύθια ἀγενείων ist falsch, da in Delphi bekanntlich nur in zwei Altersklassen (παῖδες und ἄνδρες) gekämpft wurde. Ich schlage deshalb παγκρά[τιον Πύθια παίδων vor. Da der 1. Sieg des Archibius u. d. Ageneioi i. d. J. 94, der 1. Sieg des Archibius u. d. Männern i. d. J. 98 fällt, ist der 1. pyth. Sieg u. d. Männern in das Jahr 99 zu setzen, der 1. pyth. Sieg überhaupt (nach der Inschr. Z. 15) eine Pythiade früher, also 95. — Unserer obigen Ergänzung steht nun die Tatsache gegenüber, daß Archibius i. J. 94 bereits unter den Ageneioi siegte. Aber diese Schwierigkeit läßt sich beseitigen, wenn man daran denkt, daß die Knaben, die in Olympia und Delphi antraten, älter waren als die bei kleineren Agonen. Folglich halte ich den Ansatz d. pyth. Knabensieges i. d. J. 95 für gerechtfertigt.

2. und 3. pyth. Sieg unter den Männern im Pankration und Ringkampf, 4. pyth. Sieg unter den Männern im Pankration, 1 isthm. Sieg der Männer im Pankration. (Die Ergänzung v. 17: ἀν[θρώπων·]Ἴσθμια? v. 18 ἀνδρῶν παγκάτιον· halte ich für gesichert.) 4 nem. Siege, 1. nem. Sieg unter den Knaben im Pankration, die drei anderen unter den Männern im Pankration (hintereinander).

Außerdem siegte er noch in vielen anderen Agonen im Ringkampf, Faustkampf und Pankration in den drei Altersklassen. Von seinen Siegen lassen sich genau datieren: 1. Sieg unter den Ageneioi Ol. 218, 2 = 94 n. Chr. in Neapel. 1. Sieg unter den Männern Ol. 219, 2 = 98 n. Chr. in den kapit. Spielen.

Folglich fallen seine 3 Knabensiege vor 94 bzw. 95 n. Chr. (s. Tabelle Nr. 42), 7 Ageneioi-Siege zwischen 94 und 98, 24 Männersiege von 98 an.

Von den Männersiegen sind genau datiert die olympischen, die Ol. 220 u. 221 = 101 u. 105 fallen.

Eine genaue Übersicht über die Einteilung der Erfolge des großen Periodoniken gibt die Tabelle Nr. 42 und 42a. Für die Dauer der agonistischen Tätigkeit des Archibius haben wir folgende Anhaltspunkte:

Da der erste Sieg unter den Ageneioi in Neapel in das Jahr 94 n. Chr. fällt, sind die Knabensiege vor 94 anzusetzen, mit denen wir bis 90 heraufgehen können. Der erste Sieg unter den Ageneioi bei den kapitolin. Spielen fällt 94; in diesen Spielen hat er viermal gewonnen, wir kommen also bis 106, so daß Archibius' Tätigkeit von ca. 90—110 n. Chr. gesetzt werden kann (vgl. Tab. 42a). Er war Oberpriester der Herculanei zu Rom und besaß ebenfalls das römische Bürgerrecht. (F. 673.)

43. P. Aelius Alkandridas, S. d. Damokratidas, aus Sparta war Periodonike im Ringkampf. Er vollendete zweimal die Periodos (β' περιοδονείκην). Seine Vaterstadt stellte ihm ein Ehrendekret aus (I. G. V 1, 556). — Vgl. Inschr. Ol. 238. — Auch er gehörte zu dieser Athletenzunft der Herculanei, die zur Zeit des Hadrian und Antonin und später bestand. Ebenso gehörte sein Sohn (oder Vater) dazu und wird in einer Inschrift πλειστονείκης παράδοξος genannt. (I. G. V 1, 554); F. 679.

44. P. Aelius Artemas aus Laodikeia war Periodonike als Herold (κῆρυξ) Inschr. Ol. 237. Er erlangte 1 olymp., 1 pyth., 5 isthm., 1 nem. Sieg; außerdem siegte er als 1. Herold bei der Eröffnung der Panhellenien zu Athen (c. 135 n. Chr.), die während des Aufenthalts des Kaisers Hadrian in Griechenland gegründet wurden.

Der olymp. Sieg fällt Ol. 229 = 137 n. Chr. (also in das letzte Lebensjahr Hadrians). Im ganzen brachte er es zu 250 Siegen, die er in größeren und kleineren Agonen errang (vgl. Inschr. Ol. 237). In Anbetracht dieser hohen Zahl seiner Siege ist für Artemas' Tätigkeit ein Zeitraum von ca. 15—20 Jahren anzusetzen. (Vgl. Nr. 39 u. Tab. 46.) — F. 692.

45. M. Ulpius Domesticus aus Ephesos war Periodonike im Pankration (I. G. XIV 1109. 1110). Er war Bürger von Antinoeia, Athen und bekleidete dieselben Ämter wie Demostratos und andere und war Vorsteher der Bäder Trajans. Sein Sohn M. Ulp. Firmus Domesticus war ebenfalls Periodonike (s. Nr. 49). Domestikos wird in einem Briefe, den Hadrian an die Athletenzunft am 5. Mai 134 schrieb, und in einem des Antoninus, in dem die Zunft ein Bezirk in der Nähe der Thermen Trajans zugewiesen wird, genannt. Der Brief ist datiert vom 16. Juli 143 (I. G. XIV 1054 u. 1055). — F. 695.

46. T. Aelius Aurelius Apollonius aus Tarsos war Periodonike als Herold. (I. G. III 120). In derselben Kampfart war er auch an den Olympien zu Athen und den kapit. Spielen zu Rom siegreich. (Sein Sieg als κωμῳδός kann sich nicht auf Olympia beziehen, da dort keine musischen Wettkämpfe stattfanden.) Dittenberger setzt die Inschrift, die auf der erhaltenen Basis seines Standbildes steht, in die Zeit des Antoninus Pius. — F. 700.

47. M. Aurelius Demetrius aus Hermopolis war Periodonike im Pankration (I. G. XIV 1104). Auch im Ringkampf siegte er an ungenannten Orten und wird παλαιστὴς παράδοξος ἄλειπτος genannt. Er war Oberpriester der Herculanei und Vorsteher der kaiserlichen Bäder.

Da sein Sohn Asklepiades (Nr. 51) im Jahre 181 n. Chr. siegte, wird Demetrios um 150 anzusetzen sein. — F. 682.

48. M. Ulp. Firmus Domesticus, S. d. M. Ulp. Domesticus, aus Ephesos war Periodonike im Pankration (I. G. XIV 1052). Er bekleidete dieselben Ämter wie sein Vater (Nr. 45). — Zeit: Firmus Domesticus ließ die Inschrift (I. G. XIV 1052) am 18. Januar 154 n. Chr. setzen (vgl. I. G. XIV 1110). — F. 709.

49. Unbekannter Periodonike aus Megara in unbekannter Kampfart (I. G. VII 49). Er errang 1 olymp., 2 pyth., 2 isthm. und 3 nem. Siege; außerdem siegte er in Athen (Panathenaia zweimal, Olympia Panhellenia). Ferner sind noch 31 Siege in Agonen Asiens, Griechenlands und Italiens verzeichnet, so daß dieser

Periodonike im ganzen 43 Siege errang. Diese 43 Siege sind so geordnet, daß die Agone der Periodos an 1. Stelle stehen, dann die 4 athen. Spiele kommen und an 3. Stelle die 31 Siege an den anderen Agonen. Von diesen werden neben den kapitolinischen Spielen zu Rom u. a. die Eusebeia in Puteoli genannt, die Antoninus Pius zu Ehren seines Großvaters Hadrian gründete (Spartianus Hadr. C. 27; Artemidorus Onirocr. 1, 26). Seine Siege wären also in die 2. Hälfte des 2. Jahrhunderts n. Chr. zu setzen.

50. Mnasibulos aus Elatea war Periodonike im Stadion und im Waffenlauf. Er siegte also in beiden Kampfarten an den Agonen der Periodos in der 235. Olympiade = 161 n. Chr. (Afr. u. Paus. X 34, 5.) In Elatea errichtete man ihm ein ehernes Standbild. (Paus. a. a. O.) Sein Sohn Mnasibulos erhielt eine Statue im Tempel der Athene Kranaia zu Elatea; davon ist die Marmorplatte mit Inschrift teilweise erhalten. Aus der Inschrift ersehen wir, daß der Vater Mnasibulos Periodonike war (B. C. H. XI (1887) 342 ff.). Der Periodonike fiel bei der Verteidigung seiner Vaterstadt gegen die Kostoboken i. J. 165 (Dio Cass. 71, 12). F. 712/13.

51. M. Aurelius Asklepiades, S. d. M. Aur. Demetrios, aus Hermopolis war Periodonike im Pankration (I. G. XIV, 1102/3 = Or. Gr. I. 714). Er hatte 1 olymp., 1 pyth., 2 isthm. und 2 nem. Siege; außerdem war er in vielen anderen Spielen Asiens, Griechenlands und Italiens siegreich. Er bekleidete dieselben Ämter wie sein Vater (s. Nr. 44). Sein olymp. Sieg fällt Ol. 240 = 181 n. Chr. Nach der Inschrift schloß er seine sechsjährige Tätigkeit im Alter von 25 Jahren ab. Anfang und Ende seiner Laufbahn fallen also ungefähr in die Jahre 177/78 und 183/84, die 2 kapitol. Siege in Rom ca. 178 u. 182. Ferner hat er noch im Pankration in der 6. Olympiade zu Alexandria gesiegt; weder der Gründer noch das Gründungsjahr dieser Olympiade sind bekannt. Die 6. Olympiade fällt μετὰ πλείονα χρόνον, also längere Zeit nach 181. Nach Wachsmuths Vermutung ist die Gründung von olymp. Spielen in Alexandria auf Marc Aurel, den Wohltäter Alexandrias, zurückzuführen, entsprechend den Olympiaden in Smyrna, Athen etc. zu Ehren Hadrians. Wahrscheinlich kommt hierfür das Jahr 176 in Betracht, wo Marc Aurel die Bürger Alexandriens mit Wohltaten überhäufte, trotzdem sie einen Aufstand gemacht hatten (Capit. vit. Anton. 26). Daraufhin errichteten die Alexandriner dem Kaiser eine Statue (C. I. L. II 13). Also 176 würde demnach die 1. Olympiade in Anwesenheit des Kaisers stattgefunden haben. Diese These hält auch Hiller v. Gaertr. (zu I. G.

XIV 1102) für gesichert, obwohl uns nirgends Marc Aurel mit einem olymp. Beinamen begegnet. Die 6. Olympiade fand demnach 196 n. Chr. statt; um diese Zeit mag Asklepiades immerhin ein Alter von 38 Jahren erreicht haben. Der Zeitraum von ca. 12 Jahren, der zwischen dem olymp. Sieg und dem letzten alexandrinischen liegt, würde die Notiz μετὰ πλείονα χρόνον rechtfertigen. (F. 719.)

52. M. Aurelius Demostratus Damas aus Sardes war zweifacher Periodonike im Pankration (I. G. XIV, 1105). Auch im Faustkampf war er hervorragend.

Er bekleidete dieselben Ämter wie Demetrios und besaß das Bürgerrecht von Alexandria, Antinoeia, Athen und anderen Städten. Für die Zeitbestimmung kommt außer der athletischen Zunft, die den Demostratus Damas durch die Inschrift ehrt, die Erwähnung der Stadt Antinoeia in Ägypten in Betracht. Antinoeia wurde 130 n. Chr. gegründet. Außer durch die Inschrift seiner Statue in Rom (I. G. XIV 1105) ist Demostratus uns durch eine in seiner Vaterstadt Sardes gefundene, von seinen Söhnen gewidmete Inschrift bekannt (I. G. R. IV 1519). Ebenso kommt er in einem Papyrus vor (Lond. Pap. 1178). Hier nennt er sich ἀρχιερεὺς τοῦ σύμπαντος ξυστοῦ. Der Papyrus ist datiert v. J. 194 n. Chr. Damit können wir mit guten Gründen die Tätigkeit des Demostrates Damas in die 2. Hälfte des 2. Jahrhunderts setzen. Auch in Delphi wurden zwei Inschriften gefunden, die sich auf Damas beziehen (Fouilles de Delphes III 1, 556 u. 557). Durch die angeführten Zeugnisse wird klar, daß Demostratos damals ein ausgezeichneter Faustkämpfer und Pankratiast war, der zwanzigmal als παῖς und 48 mal als ἀνήρ an den heil. Agonen siegen konnte. Eine der delph. Inschriften (a. a. O. 557) schrieb man seinem Sohne Damas zu. Aber L. Robert (Revue de Philologie 1930, 45 ff.) wies nach, daß sie dem Vater und Periodoniken M. Aurelius Demostratos Damas gehört. (F. 688).

53. Serapion aus Ephesus war Periodonike als Bläser (= Fouilles de Delphes III 1,451). Wie die Inschrift lehrt, hatte er die Periodos schon mit 22 Jahren vollendet (νεικήσας τὴν περίοδον ἐν τῇ περιόδῳ ἐτῶν κβ'). Demnach war er ungefähr 18—19 Jahre alt, als er zu den großen Agonen kam. Wenn wir die Notiz τὴν περίοδον ἐν τῇ περιόδῳ pressen, könnten wir ihn mit 20 Jahren erst beginnen lassen, denn, wie wir aus der Tabelle ersehen (Nr. 53), ist es möglich, in einem Zeitraum von 2 Jahren die Periodos zu vollenden. Mit ἐν τῇ περιόδῳ wäre dann gemeint, daß er innerhalb des Zeitraumes, der von einer Olympiade bis zur Feier der an-

deren begrenzt ist, an den 4 Agonen gesiegt hat. Außer in dieser Inschrift, die der Herausgeber nach dem Schriftcharakter in das 2. Jahrhundert nach Chr. setzt, kommt Serapion aus Ephesos in einem Katalog vor, der die Sieger an den Museia in Thespiae aufzählt. (I. G. VII 1776 = B. C. H. XIX (1895) 345, 1, 13). σαλπικτὴς Πού(πλιος) Αἴλιος Σεραπίων Ἐφέσιος.

Wir sind dadurch in der Lage, die Zeit des Serapion genauer festzulegen, da die Liste nach 212 datiert ist. Der Vater des Serapion war ebenfalls σαλπικτὴς παράδοξος, wie L. Robert (Revue de Philologie 1930, 49 ff.) aus einem Inschriftfragment geschlossen hat. Die Inschrift Fouill. de Delphes III 1,555 ist nach Ansicht des Herausgebers die Liste der Agone, in denen Serapion gesiegt hat. Aber Robert (a. a. O. S. 50 ff.) hat in ausführlicher Weise und, wie ich glaube, richtig nachgewiesen, daß dies nicht der Fall sein kann. Denn Serapion konnte im Alter von 22 Jahren so viele Siege noch nicht errungen haben, wie in der Inschrift verzeichnet sind. —

54. Valerius Eklektos aus Sinope war unbesiegter dreifacher Periodonike als Herold. Wir kennen ihn aus einer attischen und einer olymp. Inschrift (I. G. III 129 u. Inschr. Ol. 242, 243). Die Vergleichung beider Inschriften bestätigt uns, daß die att. Inschrift 4—8 Jahre älter ist als die olympische. Da die attische von den olymp. Siegen des Eklektos nur 2 kennt, fällt sie zwischen 253 u. 257 n. Chr.; außerdem wird Eklektos hier noch διοπερίοδος genannt, während er in der olymp. Inschrift τρισπερίοδος ist. Folglich fällt in die Zwischenzeit auch noch je 1 isthm., pyth. und nem. Sieg. Die Zahl der in Rom errungenen Siege (drei bei den großen kapitolin. Spielen, drei bei dem Fest zu Ehren der Athene Promachos) stimmt an beiden Stellen überein; an diese Feste reiht sich unmittelbar der Sieg bei der 1000-Jahrfeier (αἰώνια Ῥώμης) an, die i. J. 248, also 3 Jahre nach Eklektos' 1. Sieg in Olympia, stattfand. Deshalb dürften auch die anderen römischen Siege in den Anfang seiner Laufbahn fallen, da die Zahlen in den beiden Inschriften dieselben sind. Im ganzen hat er 80mal gesiegt. Wenn in der älteren Inschrift eine Menge Agone genannt werden, die in der olympischen fehlen, so darf dies nicht befremden, denn in letzterer werden, wie man leicht erkennt, nur die allerwichtigsten Agone hervorgehoben. Die Zeit des Eklektos wird durch die 4 ol. Siege bestimmt:

    1. olymp. Sieg .... Ol. 256 = 245 n. Chr.
    2. olymp. Sieg .... Ol. 258 = 253 n. Chr.
    3. olymp. Sieg .... Ol. 259 = 257 n. Chr.
    4. olymp. Sieg .... Ol. 260 = 261 n. Chr.

Offenbar war er eine berühmte und bekannte Persönlichkeit, da er als Bürger und Buleute vieler Städte in Asien, Griechenland und Italien genannt wird (Sinope, Delphi, Smyrna, Philadelphia, Hierapolis, Tripolis, Perge). Außerdem besaß er das Bürgerrecht von Athen und Elis und vielen anderen Städten. — F. 741. —

55. Claudius Apollonios aus Smyrna war Periodonike im Ringkampf (oder im Faustkampf bzw. Pankration). Daß Claudius Apollonios Periodonike war, erfahren wir aus der Inschrift der Statue seines Sohnes, die man diesem als Vorsitzenden der Herculanei in Rom aufstellte: I. G. XIV 1107: Κλαύδιον Ροῦφον (τὸν καὶ Πεισαῖον Ἀπολλώνιον δὶς περιοδον(είκην) καὶ υἱὸν Κλ(αυδίου Ἀπολλωνίου Σμυρναίου ... τοῦ ἰδίου πατρὸς καὶ αὐτοῦ περιοδονείκου.

56. Sein Sohn Claudius Rufus Apollonius aus Smyrna war Periodonike im Ringkampf oder in einer anderen schweren Kampfart; er vollendete die Periodos 2mal. Wie oben erwähnt, war er Vorsitzender der Athleten des Herkules in Rom; ihm zu Ehren errichtete man ein Standbild im Beratungszimmer der Athletenvereinigung. Zweifellos ist Cl. Rufus Psapharius, S. d. Cl. Apollonius Eudotius ein Verwandter des Periodoniken (I. G. XIV, 956). Dieser folgte seinem Vater in der Würde des Oberpriesters der Herculanei nach. — Ebenso scheint ein Tib. Claudius Rufus, der in Inschr. Ol. 54.55 (= Syll.³ 1073) durch einen Beschluß der Eleer geehrt wird, in verwandtschaftlichem Zusammenhang mit unserem Periodoniken zu stehen. Da Inschr. Ol. 54 aus der Zeit Trajans datiert, wird unser Cl. Rufus wohl ein Enkel oder Urenkel des in Inschr. Ol. a. a. O. Geehrten sein. (Vgl. die Herausgeber zu Inschr. Ol. a. a. O.).

Zeit: Die Inschrift I. G. XIV 1107 wird um 300 n. Chr. angesetzt. Infolgedessen kommt für Cl. Apollonios, den Vater des Cl. Rufus, ungefähr das vorletzte Jahrzehnt des 3. Jahrhunderts in Betracht. (F. 748/49). —

57. Athenaios aus Athen war Periodonike in unbekannter Kampfart (I. G. III 809). Er war der Vater des Athenaios, auch Enaphroditos genannt, der zu dem Demos Phlya gehörte. (s. I. G. a. a. O.) — F. 809 —.

58. M. Aurelius Petronius Celsus (Menippos), S. d. Publius Aelius Tydeus, war Periodonike im Ringkampf. (C. I. G. 2949). Er siegt 4mal im Ringkampf unter den νέοι. (F. 811.)

59. Unbekannter Periodonike im Ringkampf (I. G. XIV 1112). Seine Heimatstadt war Rom. Ein Teil seiner Siege ist in 4 Kreisen auf einer Marmortafel überliefert:

a: Ὀλύμπια ἐν Ἀθήναις ἀνδρῶν πάλην

b: Ἀλεξάνδρια Σεβαστὰ ἀνδρῶν πάλην

c: τὴν ἐξ Ἄργους ἀσπίδα τρίς

d: περιδονεί[κης] δ[ίς]?

Die Ergänzung bei d: δ[ίς] ist nicht unwahrscheinlich. Wir hätten demnach einen 2fachen Periodoniken vor uns. — F. 830/31. —

Die Zeit der 3 letztgenannten Periodoniken ist nicht genau festzustellen, fällt aber wohl in das 3. Jahrh. nach Chr. —

Alphabetisches Verzeichnis aller genannten Athleten

Die Zahlen nach den Namen geben die Nummern in der Liste (II u. IV B) an.

Agias 12
Akusilaos, S. d. Diagoras 11/12.
　IV Ba, 2
Alkandridas 43
Antenor 18
Apollonios, S. d. Archestratos 60
Apollonios, Aur. 46
Apollonios, Claud. 55
Archibios, T. Flav. 42. 42a
Archippos 22
Aristeas 36. 38
Aristeas' Sohn 38
Aristodamos I D. S. 10
Aristomachos, P. Ael. 61
Artemidoros, T Flav. 40
Asklepiades M. Aur. 51
Astyanax 17
Athenaios 57
Cheimon 11/12
Chilon 16
Chrysippos 63
Damatrios 25
Damas, Aur. IV Ba, 7
Damas, Demostr. 52
Damianos IV Ba, 7
Dandis 6
Demetrios, M. Aur. 47
Demokrates 33
Demostratianos, M. Aur. IV Ba, 7
Demostratos, Hegemonides IV Ba, 7
Diagoras 9
Dikon 14
Diogenes 39
Dionysidoros I E. S. 14
Dioxippos I E. S. 11
Domesticus 45
Domesticus, Firmus 48
Dorieus 13
Dromeus 4
Eklektos 54
Epharmostos 8
Ephudion 10
Euthymos 4. I E. S. 12
Eutyches, Pompeius 65

Glaukos 2
Glykon 34
Hagesarchos 30
Herakleides I E. S. 11
Heras 36
Hermas 35
Herodoros 19
Hierokles, M. Aur. 66
Hysmon I D. S. 10
Jonnes I D. S. 10
Jsidoros 31
Kallias 5
Kelsos, Petronius 58
Klectomachos I E. S. 11
Kleoxenos 24
Kougas, Aur. I E. S. 11
Leonidas I B. S. 6
Menodoros 29
Metrobios, T. Flav. 41
Milon 1
Mnasibulos 51
Moschos 26
Nikon 21
Philinos 23
Polydamas 11/12
Polykles I B. S. 8
Prometheus, T Domitius I B. S. 8
Prosdektos I E. S. 14
Ptolemaios, Aur. I E. S. 11
Pythagoras 20
Rufus Cl. Apoll. 56
Sarapammon, Aur. 62
Serapion 53
Silicius Firmus 64
Silicius Hierokles Sohn v. 64
Sostratos 15
Straton 32
Taurosthenes 11/12
Telemachos 11
Theogenes 3
Timon I E. S. 9
Unbek. Period. 37. 50. 59. 67
Xenares I B. S. 8
Xenothemis 27

III. Tabelle der Periodoniken.

Fettdruck = Feststehende Daten
Normaldruck = Vermutete Daten
* = Beginn der Laufbahn
† = Ende der Laufbahn

Nr.	Zeit	Olymp.	Pyth.	Isthm.	Nem.	παιδ.	ἀγεν.	ἀνδ.	
1	Ol. 60 = **540**	Milon*				πάλη*			ungef. 14 J. alt
	538		Milon	Milon Milon		" "			
	536			Milon				πάλη	ungef. 18 J. alt
	534		Milon	Milon				"	
	533				Milon			"	
	532				Milon			"	
	Ol. 62 = **532**	**Milon**						" "	ungef. 22 J. alt
	531		Milon	Milon	Milon			"	
	530			Milon	Milon			"	
	529			Milon	Milon			"	
	528				Milon			" "	
	Ol. 63 = **528**	Milon	Milon	Milon	Milon			"	
	527							"	
	526				Milon			"	
	525							"	
	524							" "	
	Ol. 64 = **524**	Milon	Milon		Milon			"	
	523								
	522								

50

Nr.	Zeit	Olymp.	Pyth.	Isthm.	Nem	παιδ.	ἀγεν.	ἀνδ.	
	522			Milon	Milon			πάλη	
	521			Milon				"	
	520							"	
	Ol. 65								
2	= 520	**Glaukos***						πύξ*	ungef. 18 J. alt
		Milon						πάλη	
	519				Milon			πύξ	
			Milon	Glaukos	Glaukos			"	
	518							πάλη	
				Glaukos	Milon			"	
	517				Glaukos			πύξ	
	516							"	
	Ol. 66		Milon †					πάλη †	
	= 516	Milon	Glaukos	Glaukos	Glaukos			πύξ	
	515							πάλη	
	514			Glaukos	Glaukos			πύξ	
	513							"	
	512		Glaukos	Glaukos	Glaukos			"	
	Ol. 67								
	= 512			Glaukos	Glaukos			"	ungef. 40 J. alt
	511							"	
	510							"	
	509							"	
	508							"	

Nr.	Zeit	Olymp.	Pyth.	Isthm.	Nem.	παιδ.	ἀγεν.	ἀνδ.	
	Ol. 68 = 508	Glaukos(?)						πύξ ?	
	507			Glaukos	Glaukos			,, ,,	
	506		Glaukos(?)					,, ,,	
	505							,, ,,	
	504			Glaukos †	Glaukos			,, †	
	Ol. 69 = 504	Glaukos(?)						,, ?	ungef. 34 J. alt
3	Ol. 72 = 492			Theogenes*		πύξ*			
	490			Theogenes					
	488		Dromeus	Theogenes			πύξ	δολ.* πύξ καὶ παγκρ. δολ.	
4	Ol. 73 = 488								
	487				Theogenes Dromeus*		πύξ	πύξ δολ.	
	486								
	485			Theogenes	Theogenes Dromeus			πύξ δολ.	
	484			Theogenes Dromeus Kallias*			παγχ*	δολ.	
5	Ol. 74 = 484	Dromeus						δολ.	

Nr.	Zeit	Olymp.	Pyth.	Istm.	Nem.	παιδ.	ἀγεν.	ἀνδ.
	483				Dromeus Theogenes Kallias			δολ. πύξ παγκ.
	482			Dromeus Theogenes Kallias				δολ. πύξ παγκ.
	481		Dromeus Theogenes		Dromeus Theogenes Kallias			δολ. πύξ δολ. πύξ
	480			Dromeus Theogenes Kallias				δολ. πύξ παγκ.
	Ol. 75 **= 480**	**Theogenes** Dromeus						δολ. πύξ παγκ.
6	479				Dandis* Dromeus† Theogenes Kallias			πύξ δολ. { στάδιον* { δίαυλον* δολ.† πύξ παγκ.
	478		Dandis Theogenes Kallias	Theogenes				πύξ δίαυλον? πύξ παγκ.

Nr.	Zeit	Olymp.	Pyth.	Isthm.	Nem.	παιδ.	ἀγεν.	ἀνδ.	
	477				Dandis			στάδιον δίαυλον πύξ	oder παγκ.?
	[476] 476			Dandis Theogenes	Theogenes Kallias in Athen: Panathenaia			δίαυλον (παγκ)]? πύξ	
	Ol. 76 = 476	**Dandis Theogenes**							
	475				Dandis Theogenes Kallias			δίαυλον παγκ.	
7	474		Dandis **Ergoteles*** Theogenes Kallias					στάδιον δίαυλον πύξ παγκ.	
	474			Dandis Theogenes Kallias	Dandis Theogenes			στάδιον δίαυλον δολ.* πύξ παγκ.	
	473				Dandis Theogenes			στάδιον δίαυλον πύξ παγκ.	
	472			Ergoteles				στάδιον δίαυλον πύξ δολ.	ἀκονιτί

Nr.	Zeit	Olymp.	Pyth.	Isthm.	Nem.	παῖδ.	ἀγεν.	ἀνδ.
8	**Ol. 77** **= 472**	**Dandis** **Ergoteles** **Kallias**†		Epharm.*			πάλη*	σταδ. δολ. παγκ.† {σταδ.† {διαυλ.†
9	471				Dandis† Epharm. Theogenes†			πύξ† πάλη πύξ* δολ.
	470			Epharm. Diagoras*				.. πάλη δολ.
	469		**Ergoteles**	Ergoteles Epharm.	Ergoteles Epharm.			πάλη πύξ
	468			Ergoteles Epharm. Diagoras				πάλη† δολ. πύξ πάλη†
10	**Ol. 78** **= 468**	**Epharm.**			Ergoteles Diagoras			πύξ παγκ.*
	467							
	466		Epharm.† Diagoras Ephudion*	Diagoras				
	465				Diagoras Ephudion			παγκ.

Nr.	Zeit	Olymp.	Pyth.	Isthm.	Nem.	παιδ.	ἀγεν.	ἀνδ.
	464			Diagoras Ephudion				πύξ παγκ.
11 12	Ol. 79 = 464	**Ergoteles†** **Diagoras†** **Ephudion†**						δολ.† παγκ.†
	450		Telemachos Agias	Telemach.* Agias*				πάλη* παγκ.*
	449			Telemach. Agias	Telemach. Agias			πάλη παγκ.
	448			Telemach. Agias				πάλη παγκ.
	Ol. 83 = 448							
	447			Telemach. Agias	Telemach. Agias			πάλη παγκ.
	446		Telemach. Agias	Telemach. Agias	Telemach. Agias			πάλη παγκ.
	445			Telemach. Agias	Telemach. Agias			πάλη παγκ.
	444			Telemach. Agias	Telemach. Agias			πάλη παγκ.
	Ol. 84 = 444							
	443							πάλη παγκ.
	442							πάλη παγκ.

Nr.	Zeit	Olymp.	Pyth.	Isthm.	Nem.	παιδ.	ἀγεν.	ἀνδ.
	441		Telemach. Agias					πάλη παγκ.
	440		Telemach. Agias	Telemach. Agias	Telemach. Agias			πάλη παγκ.
	Ol. 85 = 440	Telemach. † Agias †						πάλη παγκ.
13	438		Dorieus	Dorieus *				πάλη † παγκ. †
	437			Dorieus	Dorieus			∴ *
	436							: : : :
	Ol. 86 = 436							
	435		Dorieus	Dorieus	Dorieus			: : : :
	434			Dorieus	Dorieus			
	433			Dorieus	Dorieus			: : : :
	432		Dorieus					
	Ol. 87 = **432**	**Dorieus**						
	431			Dorieus	Dorieus			: : : :
	430			Dorieus	Dorieus			
	429							: : : :
	428							

57

Nr.	Zeit	Olymp	Pyth.	Isthm.	Nem.	παιδ.	ἀγεν.	ἀνδ.	
	Ol. 88 = 428	**Dorieus**						π α γ κ.	Thuk. III,8
	427			Dorieus	Dorieus			,, ,, ,,	
	426			Dorieus	Dorieus			,, ,, ,,	ἀκοντί
	425		Dorieus					,, ,, ,,	
	424		Dorieus			στα δ.*		,, †	
	Ol. 89 = 424	**Dorieus** †				στα δ.			
	Ol. 97 = 392	Dikon*	Dikon		Dikon			στα δ.	
	Ol. 98 = 388		Dikon	Dikon	Dikon			στα δ. καί δίαυλον στα δ.	
	387			Dikon				,, ,,	
	386							,, ,,	
14	385			Dikon	Dikon			σ τ α δ.	
	384		Dikon					στα δ.	
	Ol. 99 = 384	**Dikon**						,,	
	383							στα δ. καί δίαυλον	
	382							στα δ. ,, ,, ?	
	381 Ol. 100 = 380	Dikon †						δίαυλ. †	(ὁπλίτην)?

Nr.	Zeit	Olymp.	Pyth.	Isthm.	Nem.	παιδ.	ἀγεν.	ἀνδ.
15	Ol. 103 = 368				Sostratos*			παγκ.*
	367			Sostratos	Sostratos			"
	366			Sostratos				"
	365							
	364							
	Ol. 104 = 364	**Sostratos**			Sostratos			"
	363			Sostratos	Sostratos			"
	362		Sostratos					"
	361			Sostratos	Sostratos			"
	360			Sostratos	Sostratos			"
	Ol. 105 = 360	**Sostratos**						"
	359		Sostratos	Sostratos	Sostratos			"
	358			Sostratos	Sostratos			"
	357							"
	356							"
	Ol. 106 = 356	**Sostratos†**						παγκ.†
16	Ol. 112 = 332		Chilon	Chilon*	Chilon			
	330			Chilon	Chilon			πάλη*
	329							
	328							

59

Nr.	Zeit	Olymp.	Pyth.	Isthm.	Nem.	παιδ.	ἀγεν.	ἀνδ.
17	Ol. 113 = 328	Chilon						πάλη *
	327							"
	326		Chilon	Chilon	Chilon			"
	325							"
	324			Chilon	Chilon			"
	Ol. 104 = 324	Chilon† Astyanax		Chilon Astyanax *				πὺξ καὶ παγκ.
	323		Astyanax	Astyanax	Astyanax			πάλη † πὺξ καὶ παγκ.
	322			Astyanax	Astyanax			" " "
	321							" " "
	320	Astyanax	Astyanax	Astyanax	Astyanax			" " "
	Ol. 115 = 320							πὺξ καὶ παγκ.
	319			Astyanax	Astyanax			" " "
	318							" " "
	317							" " "
	316			Antenor	Antenor*	πὺξ *		
18	Ol. 116 = 316	Astyanax†	Antenor			"		πὺξ καὶ παγκράτιον ἀκονιτί (ἀκουντί) ?
	315					"		od. παγκ. " "
	314							" " "

Nr.	Zeit	Olymp.	Pyth.	Isthm.	Nem.	παιδ.	ἀγεν.	ἀνδ.	
	313			Antenor	Antenor		παγκ.	παγκ.?	
	312						"	"	
	Ol. 117 = 312	Antenor?						"	
	311			Antenor	Antenor			"	
	310							"	
	309		Antenor	Antenor	Antenor			"	
	308							π α γ κ. †	ἀκονιτί
	Ol. 118 = 308	**Antenor†**						παλπ.	
19	Ol. 104* = 304	— Ol. 122† = 324* — 292† v. Chr. : Herodoras (Megara)			Pythagoras*	στα δ.*			und δίαυλ?
20	305			Pythagoras	Pythagoras	"			
	304								
	Ol. 119 = 304							στα δ.	
21	303		Pythagoras Nikon	Pythagoras Nikon	Pythagoras Nikon*			παγκ.*	
	302							στα δ.	
	301			Pythagoras Nikon	Pythagoras Nikon			παγκ.	
	300							στα δ.	
								παγκ.	
	Ol. 120 = 300	**Pythagoras Nikon**						στα δ. παγκ.	

Nr.	Zeit	Olymp.	Pyth	Isthm.	Nem.	παιδ.	ἀγεν.	ἀνδ.	
22	299				Pythagoras Nikon Archippos*			σταδ. παγκ. πύξ*	um 300 vgl. Inschrift Ol. 173 17 Jahre alt
	298		Pythagoras Nikon Archippos	Pythagoras Nikon Archippos				σταδ. παγκ. πύξ	
	298							..	
	297			Pythagoras Nikon Archippos	Pythagoras Nikon Archippos			σταδ. παγκ. πύξ	
	296							σταδ. παγκ. πύξ	
	Ol. 121 = 296	**Pythagoras†** **Nikon†** **Archippos†**						σταδ.† παγκ.† πύξ†	(ὁπλίτην)†
23	270		Philinos	Philinos*		παιδ.*			20 Jahre alt
	268	Philinos		Philinos		σταδ. δίαυλ.			
	Ol. 128 = 268					σταδ.			
	267			Philinos	Philinos			σταδ. σταδ. δίαυλ. σταδ.	
	266		Philinos						

Nr.	Zeit	Olymp.	Pyth.	Isthm.	Nem.	παιδ.	ἀγεν.	ἀνδ.	
	265				Philinos			σταδ.	
	264							{ σταδ. δίαυλ.	
	Ol. 129 = 264	**Philinos**							
	263								+ δίαυλ. ?
	262		Philinos	Philinos	Philinos			{ σταδ. δίαυλ.	
	262							σταδ.	δίαυλ.
	261							{ σταδ. δίαυλ.	
	260			Philinos	Philinos				
	Ol. 130 = 260	**Philinos** †							
	Ol. 134 = 244							σταδ. †	+ δίαυλ.
	242		Kleoxenos*						
	241			Kleoxenos	Kleoxenos			πύξ*	
24	240					σταδ.* δολ.		··	
	Ol. 135 = 240	**Kleoxenos** †						··	
	Ol. 143 = 208	Damatrios*						πύξ †	
	207								
25	205				Damatrios			δολ.	{ Asklepeia Aleaia
	204			Damatrios	Damatrios			··	
	Ol. 144 = 204								

Nr.	Zeit	Olymp.	Pyth.	Isthm.	Nem.	παιδ.	ἀγεν.	ἀνδ.	
26	203				Damatrios			δολ.	
	202		Moschos*	Damatrios		πύξ*		"	16 Jahre alt
	201				Damatrios	πύξ		"	
	200			Damatrios	Moschos	πύξ		"	
	Ol. 145 = 200	Damatrios † Moschos †		Moschos					
27	ca. Ol. 147 = 192	Xenothem.*		Διδύμεια	=	π ύ ξ †		δολ.†	18 Jahre alt
	191		?	Xenothemis	Xenothemis	πύξ*	πύξ*	πύξ*	
	190		Xenothemis	Xenothemis	Xenothemis			"	
	189							"	
	188							"	
	Ol. 148 = 188	Xenothem. †						πύξ†	
28	187	} 190 ? :	Epitherses*: Παναθήναια					"	
	186								
	185			Epitherses	Epitherses				
	Ol. 149 = 184	Epitherses						πύξ	vgl.I.G.II 2,967 b
	183		Epitherses	Epitherses	Epitherses			"	
	182							"	
	181							"	

Nr.	Zeit	Olymp.	Pyth.	Isthm.	Nem.	παιδ.	ἀγεν.	ἀνδ.	
	180 Ol. 150 = 180	Epitherses †		Epitherses				πύξ	
29	165 Ol. 154 = 164	Menodoros			Menodoros*		πάλη*	πύξ † πάλη?	παγκ. ?
	163 162 161 Ol. 155 = 160	Menodoros †	Menodoros Hagesarch.*	Menodoros? Hagesarchos	Menodoros Menodoros Hagesarchos			: : : : παγκ. † πύξ*	παγκ. ? παγκ. ? ?
30	118 117 116 Ol. 166 = 116	Hagesarch. †		Hagesarchos				" " " "	
31	74		Isidoros	Isidoros *	Isidoros Straton*	πάλη* παγκ.*		πύξ † πάλη*	
32	73 72 Ol. 177 = 72	**Isidoros** †		Isidoros				" "	15 Jahre alt?
	71				Straton	πάλη παγκ.	πάλη παγκ.	πάλη †	⚏ 4 Siege an 1 Tage!

65

Nr.	Zeit	Olymp.	Pyth.	Isthm.	Nem.	παιδ.	ἀγεν	ἀνδ.	
	70			Straton				πάλη	+ παγκ. ?
	69	**Straton**	Straton	Straton	Straton			"	ca. 18 Jahre alt
	68							"	+ παγκ. ?
	Ol. 178 = 68							π ά λ η κ α ὶ π α γ κ.	" ?
	67		Straton	Straton	Straton			πάλη	" "
	66							"	" "
	65			Straton	Straton			"	" "
	64							π ά λ η †	(π α γ κ.) ?
	Ol 179 = 64	**Straton †**						πύξ*	
33	1. Jahrh.	Demokrat.*		Demokrates	Demokrates			"	
		Demokrates	Demokrates	Demokrates				"	
					Demokrates			"	
	26	Demokrat.†						πύξ †	
34			Glykon*			παγκ.*			
	Ol. 189 = 24	Glykon	Glykon		Glykon	παγκ.		παγκ.	(πύξ ?)
	23							"	"
	22				Glykon				
	21								

66

Nr.	Zeit	Olymp.	Pyth.	Isthm.	Nem.	παιδ.	ἀγεν.	ἀνδ.	
35	20 Ol. 190 = 20 19 18 17 16 Ol. 191 = 16 15 14 13 12 Ol. 192 = 12	Glykon † Hermas Hermas †	Hermas*: Hermas	Glykon Aktia, Heraia Hermas	 Hermas Hermas			παγκ. παγκ.† παγκ.* παγκ. " " " παγκ.†	(πύξ)?

1. Jahrhundert nach Christus:
Heras: Olympia zu Smyrna, Pergamon παγκ.

| 36 | Ol. 200
= 21
22
23
24
Ol. 201
= 25 | Heras† | Heras | Heras | Heras*
Heras | | | παγκ.*
"<br>"
παγκ.† | |
| 37 | 1. Jhdt.
29? | Unbekannt? | — | — | — | | | διαυλ. καὶ ὁπλ. | |

Nr.	Zeit	Olympia	Pyth	Isthm.	Nem.	παιδ.	ἀγεν.	ἀνδ.
38	33 ?	Unbekannt ?						δίαυλ.
	37 ?	Unbekannt ?						"
	cirka 35		Sohn des Aristeas*: Ἀκτια					
	38						παγκ.*	παγκ.
	39		S. d. Arist.	S. d. Arist.	S. d. Arist.			" "
	40							" "
	Ol. 205	S. d. Arist.†						παγκ.†
	= 41	Diogenes*						σαλπ.*
39	Ol. 206	Diogenes						" " "
	= 45							
	46		Diogenes	Diogenes	Diogenes			" " "
	47							
	Ol. 207	Diogenes						" " "
	= 49							
	50		Diogenes	Diogenes	Diogenes			
	51							
	Ol 208	Diogenes						" " "
	= 53							
	54		Diogenes	Diogenes	Diogenes			
	55							
	Ol. 209	Diogenes †						σαλ.π.†
	= 57							
40	77		Artemid.	Artemid.*			παγκ.*	
	79							παγκ.
	81			Artemidoros				πάλη
								παγκ.

Nr.	Zeit	Olymp.	Pyth.	Isthm.	Nem.	παιδ.	ἀγεν.	ἀνδ
	Ol. 215							παγκ.
	= 81	Artemid.			Artemid.			"
	82		Artemid.					"
	83			Artemid.				"
	84				Artemid.			"
	Ol. 216		Artemid.					"
	= 85	Artemid.						"
41	86		Artemidoros †;	Artemidoros †; Καπετώλεια				παγκ. †
			Metrobios*;	Metrobios*;				δόλ.*
	87		Metrobios	"	"			δόλ.
	88			Metrobios	Metrobios			"
	89							
	Ol. 217							
	= 89	**Metrob.** †						
42	92				Archibios*	παγκ.*	[1]	δόλ. †
	Ol. 218		Archibios	**Archibios*; in Neapel**				
	= 93			" " Rom (Κατ.)			παγκ.	
	94					παγκ.	παγκ.	
	95							
	Ol. 219		**Archibios**	**Archibios: in Rom**				παγχ
	= 97							πάλη
	98		Archibios					{ παγκ.
	99							

[1]) Siehe Beilage Nr. 42a S. 75

Nr.	Zeit	Olymp.	Pyth.	Isthm.	Nem.	παιδ.	ἀγεν.	ἀνδ.
	100				Archibios			παγκ.
	Ol. 220							
	101	Archibios			Archibios			"
	102							"
	103		Archibios	Archibios	Archibios			"
	104							"
	Ol. 221							
	=105	Archibios						"
43	106		Archibios†; Rom (Καπετώλεια)					π α γ κ. †
	115		Alkandr.*			παγκ.		πάλη*
61[1])	116		Aristomach.	Aristom.*	Aristomach.	"		
	117			Aristomach.			παγκ.	
	Ol. 224							
	=117	Alkandridas Aristomachos†						πάλη π α γ κ. †
	118		Alkandridas	Alkandridas	Alkandridas			"
	119			Alkandridas	Alkandridas			"
	120							"
	121							"
	Ol. 225							
	=121	Alkandr.†						
44	129			Artemas*				πάλη† κῆρυξ*

[1]) Aristomachos siegte außerdem an mehreren Agonen in Italien, Griechenland und Asien: Kapitoleia in Rom, Sebasta in Neapel, Aktia, Panathenaia, Urania, κοινὸν Ἀσίας. (Inschr. v. Magnesia 180.) Vergl.IV B b, 61.

Nr.	Zeit	Olymp.	Pyth.	Isthm.	Nem.	παιδ.	ἀγεν.	ἀνδ.
	Ol. 227							
	= 129							κῆρυξ
	130							"
	131				Artemas			
	133				Artemas			
	Ol. 228							
	= 133							
45	134		Artemas	Artemas	Domestikos*			παγχ.*
	135		Domestikos	Domestikos				κῆρυξ
	136			Artemas	Artemas			παγχ.
	137							κῆρυξ
	Ol. 229							
	= 137	**Artemas†**						κῆρυξ†
	138	Domestik.†						παγχ.†
	139							κῆρυξ*
46	140		Apollonios	Apollonios	Apollonios*			"
	Ol 230		Apollonios	Apollonios				"
	= 141	Apollonios†			Apollonios ?			
	146							κῆρυξ†
	147		Demetrios	Demetrios	Demetrios*			παγχ.*
74								"
	Ol. 232							"
	= 149	Demetrios†						παγχ.†
48	150				F. Domest.*			παγχ.*

71

Nr.	Zeit	Olymp.	Pyth.	Isthm.	Nem.	παιδ.	ἀγεν.	ἀνδ.	
	151			F. Domest.				παγκ.	
	151								
	Ol. 233	F. Domest.†	F. Domest.						
	= 153		Unbekannt*					παγκ.†	
49	155			Unbekannt	Unbekannt			Unbek.*?	
	156							"	
	157							"	
	Ol. 234				Unbekannt*				
	= 157				Mnasibulos*			" στάδ. καὶ ὁπλ.*	
50	158		Unbekannt	Unbekannt				Unbek.	
	159		Mnasibulos	Mnasibulos	Unbekannt			στάδ. καὶ ὁπλ.	
	160							Unbek.	
	Ol. 235	Mnasibulos†						στάδ. καὶ ὁπλ.†	
	= 161	Unbek.†						Unbek.†	
51	178		Asklepiades	Asklepiades	Asklepiades*			παγκ.*	22 Jahre alt?
	179							"	
	180			Asklepiades	Asklepiades			"	
	181							"	
	Ol. 240	Asklepiades†							
	= 181							παγκ.†	
	Ol. 241								
	= 185								
52	187		Damas*	Damas				παγκ.*	25 Jahre alt

Nr.	Zeit	Olymp.	Pyth.	Isthm.	Nem.	παιδ.	ἀγεν.	ἀνδ.	
	188							παγκ.	
	Ol. 242	Damas			Damas			"	
	= 189							"	
	190							"	
	191		Damas	Damas	Damas				
	Ol. 243							παγκ.†	
	= 193	Damas †	Serapion	Serapion*	Serapion			σαλπ.*	20 Jahre alt
	211							"	
	212								
	Ol. 248	Serapion†						παγκ.†	22 Jahre alt
	= 213								
	Ol. 256	**Eklektos***	Eklektos	Eklektos	Eklektos			κήρυξ*	
53	= 245		**Eklektos:** Αἰῶνα Ῥώμης					κήρυξ	
	246							"	
	247							"	
	248								
54	Ol. 257		Eklektos	Eklektos	Eklektos			"	
	= 249							"	
	250							"	
	251		Eklektos	Eklektos	Eklektos			"	
	Ol. 258	**Eklektos**						"	
	= **253**							"	
	254							"	
	255							"	

Nr.	Zeit	Olymp.	Pyth.	Isthm.	Nem.	παιδ.	ἀγεν.	ἀνδ.	
	Ol. 259 = 257	**Eklektos**						κῆρυξ	
	Ol. 260 = 261	**Eklektos**†						κῆρυξ † παγκ.*	
	ca. 282								
55	283		Cl. Apoll.	Cl. Apoll.	Cl. Apoll.*				πάλη ?
	284								πύξ ?
	Ol. 266 = 285	Cl. Apoll. †	Cl. Rufus	Cl. Ruf. Ap.*	Cl. Apoll.			παγκ.†	
	299							παγκ.*	
	300								
56	Ol. 270 = 301	Cl. Rufus	Cl. Rufus	Cl. Rufus	Cl. Rufus			παγκ.	πάλη
	302								πύξ
	303								
	Ol. 271 = 305	Cl. Rufus †						παγκ. †	
57	um 300 ?	Athenaios †	Athenaios	Athenaios	Athenaios*			Unbek.* Unbek †	

Nr.	Zeit	Olymp.	Pyth.	Isthm.	Nem.	παῖδ.	ἀγεν.	ἀνδ.
58			Petr. Kelsos	Petr. Kelsos	Petr.Kelsos*			πάλη*
		Petr.Kelsos†						"
59				Unbekannt	Unbekannt*			πάλη†
		Unbekannt	Unbekannt					πάλη*
			Unbekannt	Unbekannt	Unbekannt			πάλη
								"
		Unbek.†						"
								πάλη†

Nr. 42a. T. Flavius Archibius (Alexandria).

Fettdruck: Ueberliefert. Normaldruck: Danach fest datierbar. *Cursiv:* Unsicher.

Zeit	Kampfort	παιδ.	ἀγεν.	ἀνδ.		Zeit	Kampfort	παιδ.	ἀγεν.	ἀνδ.
91	*Aktia (inAntioch.)*	παγκ.				100	· *(Alexandria)*			παγκ.
92	*Nemea*	παγκ.					*Nemea*			παγκ.
94	*Neapel*		παγκ.				*Aktia*			παγκ.
	Rom (Kapit.)		παγκ.			101	**Olympia**			παγκ.
95	*Aktia (inAntioch.)*		{ πάλη παγκ.			ca101	*Herakleia* **Balbillea**			{ πάλη πύξ
94–98	*Smyrna* (κοινὸν ᾽Ασίας)		{ πάλη παγκ.				*(Ephesus)*			
	Aktia (Alexandr.)		παγκ.			102	*Nemea*			παγκ.
95	*Delphi*	παγκ.	?				**Rom (Kapit.)**			παγκ.
96	*Aktia*		{ πάλη παγκ.			103	*Neapel* *Delphi*			παγκ. παγκ.
98	**Rom (K. Spiele)**			παγκ.			*Aktia (Antioch.)*			παγκ.
	Neapel			παγκ.			*Aktia (Alexandr.)*			παγκ.
	Delphi			{ πάλη παγκ.			*Isthmia?*			παγκ.
99	*Aktia (Antioch.)*			παγκ.		104	*Nemea* *Aktia*			παγκ. παγκ.
						105	**Olympia**			παγκ.
						106	**Rom (Kapit.)**			παγκ.
						107	*Aktia (Alexandr.)*			παγκ.

IV. Anhang.

A. Zahlenmäßige Uebersicht der Kampfarten (Chronologisch)

Nummer der Periode	Zeit	Gesamt-zahl	σταδ.	δίαυλ.	δολ.	ὁπλ.	πάλη	πυγμή	παγκ.	παλ.π.	κῆρυξ	Unbekannt
1	s. VI.ᵃ						1					
2		2						1				
3	s. V.ᵃ					1						
4									1			
5										1		
6			1	(1)								
7						1						
8								1				
9									1			
10										1		
11										1		
12								1				
13		11								1		
14			1									
15	s. IV.ᵃ									1		
16										1		
17								1				
18										1		
19		6									1	
20	s. IIIᵃ			1								
21									1			
22									1			
23				1								
24									1			
25						1						
26		7							1			
27	s. IIᵃ							1				
28								1				
29							1	(1)				
30		4						1				

77

Nummer der Period.	Zeit	Gesamt-zahl	στάδ.	δίαυλ.	δολ.	ὁπλ.	πάλη	πυγμή	παγκ.	σάλπ.	κῆρυξ	Unbekannt
31	s. Iᵃ						1					
32							1		(1)			
33								1				
34									1			
35		5							1			
36	s. Iᵖ								1			
37				1		(1)						
38									1			
39										1		
40					1				1			
41												
42		8							1			
60												1
43	s IIᵖ						1					
61									1			
44											1	
45									1			
46											1	
47									1			
48									1			
49												1
50				1		(1)						
51									1			
52		11							1			
53	s. IIIᵖ										1	
54										1		
55							1					
56									1			
57								1				
58							1					
59							1					

Nummer der Period.	Zeit	Gesamt-zahl	σταδ.	δίαυλ.	δολ.	όπλ.	πάλη	πυγμή	παγκ.	σαλπ.	κῆρυξ	Unbekannt
62												1
63							1					
64									1			
65												1
66												1
67		13									1	
s. IV^a — s. III^p:		67	5	1	4	—	12	10	22	3	4	6

B. Nachträge.

a) Periodoniken-Familien.

Nicht selten sind die Verwandten (Vater, Sohn, Bruder) eines Periodoniken ebenfalls Periodoniken oder Sieger in einem der großen Agone gewesen. In der Regel bestreiten sie sogar dieselbe Kampfart und suchen so den Ruhm der Familie (als Läufer-, Boxer- oder Pankratiastenfamilie) zu erhalten.

Solche Periodoniken-Familien können wir schon Anfang des 5. Jhdts. v. Chr. nachweisen:

1. Diagoras (Nr. 9) war Sieger im Faustkampf i. J. 464 v. Chr. Seine Söhne Damagetos[1]) und Akusilaos[1]) siegten im Pankration bezw. im Faustkampf in der 83. Olymp. = 448 v. Chr. (s. S. 26), seine Enkel Eukles[2]) im Faustkampf und Peisidoros[2]) im Faustkampf der Knaben Ende des 5. Jhdts. (420—10). Der berühmteste Diagoride war der Periodonike D o r i e u s (Nr. 13) s. S. 28 f.

2. Aus einer thessalischen Familie stammen die Brüder Agias und Telemachos (Nr. 11/12). Ein jüngerer Bruder von ihnen siegte im Stadion der Knaben in Delphi. Andere Mitglieder der Familie spielten eine hervorragende politische Rolle[3]).

3. Aristeas war herakl. Doppelsieger (Ol. 198 = n. Chr.) Sein Sohn wurde Periodonike im Pankration (Nr. 38).

4. Der Sohn (oder Vater) des Periodoniken Alkandridas (Nr. 43) ist uns als πλειστονείκης παράδοξος überliefert (s. S. 41).

5. M. Aur. Demetrius (Nr. 47) war Pankratiast und Ringkämpfer. Sein Sohn ist der berühmte Periodonike Asklepiades (Nr. 51), der in der 240. Olymp. = 181 n. Chr. im Pankration den olymp. Kranz errang (s. auch S. 13).

6. M. Ulpius Domesticus aus Ephesus (Nr. 45) fand in seinem Sohne M. Ulp. Firmus Domesticus (Nr. 48) einen trefflichen Nachfolger im Pankration.

7. Der Periodonike M. Aurelius Demostratos Damas (Nr. 52) hatte 4 Söhne, die ihrem Vater würdig in Sport und Amt nachfolgten:[4]) Aurelius Damas, M. Demostratianos, Demo-

---

[1]) F. 252 f. Rutgers 49, 3. Inschr. Ol. 152.
[2]) Robert, Hermes 35, 191 ff.
[3]) Syll.³ 274.
[4]) J. G. R. IV 1519; Lond. Pap. 1178. s. S. 14.

stratos Hegemonides waren πλειστονῖκαι παράδοξοι, Damianos ist uns als ξυστάρχης überliefert.

8. Der berühmte Bläser Serapion (Nr. 53) wird wohl einen guten Lehrmeister in seinem Vater gehabt haben, der uns als σαλπικτὴς παράδοξος bekannt ist [5]).

9. Die Familie der Rufi [6]) weist eine stattliche Zahl bekannter Sieger auf: Cl. Apollonios (Nr. 55) war Periodonike im Ringkampf. Sein Sohn Cl. R u f u s Apollonios (Nr. 56) wird als Periodonike und Vorsitzender der Herculanei in Rom geehrt. Über andere Mitglieder der Familie vgl. Nr. 56 S. 46.

b) **Periodoniken aus der Kaiserzeit (I.—III. Jhdt.).**

60. A p o l l o n i o s , S. d. Archestratos, konnte dreimal die Periodos vollenden. — Aus einer Liste aus Chios, 1. Jhdt.:

I. G. R. IV 940: Ἀπολλώνιος Ἀρχεστράτου φιλόκαισαρ τὸ τρίτον περιοδονείκης.

61. Außer Moschos v. Kolophon (Nr. 26) konnte P. Ael. A r i s t o m a c h o s im P a n k r a t i o n der K n a b e n die P e r i o d o s gewinnen. S. auch Tab. Nr. 61, S. 70.

Sein olymp. Sieg fällt in die 224. Ol. = 117 n. Chr.

J. v. M a g n e s i a 180. ... Ἀριστόμαχος περιοδονείκης ... πρῶτος καὶ μόνος ... νικήσας Ὀλύμπια παίδων παγκράτιον Ὀλυμπιάδι σκδ' .....

ebda. 181 (E p i g r a m m) ... παῖς παγκρατιαστὴς ἐν σταδίοις πᾶσιν ἄλειπτος ἔφυν ....

62. A u r e l i u s S a r a p a m m o n aus Athen. Ende des 3. Jahrhunderts.

Ox. Pap. 1643, 2: ... Αὐρήλιος Σαραπάμμων καὶ Ἀθηναῖος περιοδονίκης κράτιστος.

63. M. Aur. C h r y s i p p o s aus Alexandria war Peridonike im Ringkampf.

Lond. Pap. 1178, 55. ... M. Αὐρ. Χρυσίππου Ἀλεξανδρέως Σμυρναίου παλαιστοῦ περιοδονείκου παραδόξου.

64. S i l i c i u s F i r m u s M a n d r o g e n e s war Periodonike im Pankration und Xystarche. Sein Sohn ist uns als berühmter Ringkämpfer überliefert.

---

[5]) vgl. L. Robert, Rev. Phil. 1930, 49 ff.
[6]) vgl. Daremberg-Sagno-Pottier s. v. Xystos.

Inschr. v. Magnesia 199: . . . Σιλίκιον Ἱεροκλέα παλαιστὴν παράδοξον . . . υἱὸν Λευκίου Σ ι λ ι κ ί ο υ Φ ί ρ μ ο υ Μανδρογένους π α γ κ ρ α _ τ ι α σ τ ο ῦ π ε ρ ι ο δ ο ν ί κ ο υ ἀ λ ε ί π τ ο υ ξ υ σ τ ά ρ χ ο υ . . .

65. P.' Pompeius E u t y c h e s war zweimal Periodonike.
I. G. R. IV 1643 (Philadelphia): . . Πο. Π ο μ π ε ί ο υ Ε ὐ τ υ - χ ο ῦ ς . . . . β' π ε ρ ι ο δ ο ν ε ί κ ο υ ξ υ σ τ ά ρ χ ο υ . . .

66. M. Aur. H i e r o k l e s (Tralles?): Ath. Mitt. 1896, 113, 2, (Robert, Rev. Phil. 1930, 49, 2): M. Αὐρήλιος Ἱ ε ρ ο κ λ ῆ ς . . . νεικήσας ἐ ν τ ῇ π ε ρ ι ό δ ῳ τ ὴ ν π ε ρ ί ο δ ο ν. Vgl. I C. S. 9.

67. Unedierte Inschrift eines Periodoniken von Kos.

Kos, Museum. Platte von weißem Marmor. Linker Rand abgebrochen. Eingerahmt als tabula ansata. Höhe 39; erhaltene Breite 29; Dicke 5; Buchst. 3 cm. II./III. Jahrh. Mitgeteilt von Prof. Herzog.

    Μ. Αὐ]ρήλιος
    . . . . μενος etwa Ἡγού]μενος
    Κ]ῶος κῆρυξ
    π]αράδοξος
    Κ]απιτωλιονείκης
    π]εριοδονείκης
    σὺ]ν καὶ ἄλλοις
    ἀγῶ]σι πλ(ε)ίστοις

Durch die Nachträge erhöht sich die Zahl der bekannten Periodoniken auf 67.

c) Zu I B. 6 und I E. (παράδοξος):

Neben dem Titel περιοδονίκης wird auch das Epitheton παράδοξος den Siegern in m u s i s c h e n Agonen in der Kaiserzeit beigegeben.
1. C. I. G. 2810. . . . Κ α λ λ ί μ ο ρ φ ο ν . . . . . π ε ρ ι ο δ ο ν ί κ η ν πρῶτον καὶ μόνον τῶν . . . α ὐ λ η τ ῶ ν . .

2. C. I. G. 3425: . . . Αὐρ. Χ ά ρ μ ο ν [κιθαρ] ᾠ δ ὸ ν π α ρ ά δ ο ξ ο ν π ε ρ ι ο δ ο ν ε ί κ η ν . . . .

3. C. I. G. 4081: . . . Ἀ ν τ ω ν ί ο υ . . . . . Εὐτυχιανοῦ . . . . κ ι θ α ρ ῳ δ ο ῦ π ε ρ ι ο δ ο ν ε ί κ ο υ . . . . π α ρ α δ ό ξ ο υ, ἐπιψηφισαμένου Μ. Αὐρ. Γλυκωνιανοῦ . . . . κυκλίου α ὐ λ η τ ο ῦ . . . . π α ρ α δ ό ξ ο υ.

I n s c r. of Cos ed. P a t o n - H i c k s 129. M. Αὐρ. . . . Ἀ λ έ ξ α ν δ ρ ο ς τ ρ α γ ῳ δ ὸ ς π α ρ ά δ ο ξ ο ς π ε ρ ι ο δ ο ν ε ί κ η ς.

Lebenslauf.

Ich, Rudolf Knab, katholischen Bekenntnisses, bin geboren am 20. Juni 1908 zu Wiesbaden, als Sohn des Lehrers Anton Knab und seiner Ehefrau Maria geb. Krick. Nach dreijährigem Besuch der Volksschule trat ich 1918 in die Sexta des Mainzer Gymnasiums ein und bestand 1927 an derselben Schule die Reifeprüfung. Ich wandte mich dem Studium der klassischen Philologie zu und nahm in Frankfurt vom S.-S. 1927 bis S.-S. 1928 an den Vorlesungen und Uebungen der Professoren K. Reinhardt, W. Otto, M. Gelzer, Friedwagner, Ehrenberg und Platzhoff teil. Im W.-S. 1928—29 studierte ich in München bei Ed. Schwartz, A. Rehm, W. Otto, Sommer und Wolters und ging im nächsten Semester nach Gießen, wo ich bis zum W.-S. 1930—31 immatrikuliert war. Hier belegte ich die Vorlesungen und Seminare bei den Professoren Behrens, Marg. Bieber, Glaser, Hepding, Herzog, Hirt, Kalbfleisch, Messer und Steinbüchel. Meinen verehrten Lehrern Bieber, Herzog, Kalbfleisch und Steinbüchel bin ich zu besonderem Danke verpflichtet. Herr Prof. Dr. Herzog gab die Anregung zur vorliegenden Arbeit und hat mich bei ihrer Anfertigung stets mit Rat und Tat gefördert und mit großem Wohlwollen beraten. Dafür sage ich ihm meinen aufrichtigsten Dank.

Im S.-S. 1931 bestand ich die wissenschaftliche Prüfung für das höhere Lehramt und war vom 10. Oktober 1931 bis Herbst 1933 als Studienreferendar zur Ableistung des Seminar- und Probejahres am Landgraf-Ludwigs-Gymnasium und Realgymnasium zu Gießen. Ende 1933 wurde ich an die Oblatenschule der Benediktiner zu Ilbenstädt (Oberhessen) beurlaubt und legte Sommer 1934 das Staatsexamen am Landgraf-Ludwigs-Gymnasium zu Gießen ab.

THE EPIGRAPHICAL SOURCES OF ROMAN HISTORY: A SERIES INCLUDING THE LATIN AND GREEK INSCRIPTIONS FROM THE WORLD OF ROME.

DESSAU HERMANN, INSCRIPTIONES LATINAE SELECTAE
5 vols. 2,845 pp. $125.00

The second most important reference set for the study of LATIN INSCRIPTIONS, now is available for a reasonable price to the student, scholar, an library reference room.

R. CAGNAT, J. TOYTAIN, P. JOUGUET ET P. LAFAYE, INSCRIPTIONES GRAECAE AD RES ROMANAS PERTINENTES.
3 vols. 2,126 pp. [1906-1927]. $75.00

This is the reference work for the Greek inscriptions of the Roman Empire, with a special set of indices for each volume, facilitating research.

J. E. SANDYS, LATIN EPIGRAPHY: AN INTRODUCTION TO THE LATIN INSCRIPTIONS OF THE ROMAN WORLD.
xxiv + 324 pp. Illustrated. $15.00

G. McNEIL RUSHFORTH, LATIN HISTORICAL INSCRIPTIONS. 144 pp. $10.00

H. COHEN, J.C. EGBERT, R. CAGNAT. COIN INSCRIPTIONS AND EPIGRAPHICAL ABBREVIATIONS OF IMPERIAL ROME.
lxvi + 138 pp. $15.00

G. KAIBEL, A. LEBEQUE, Ed, with Supplements by Al. N. Oikonomides, **INSCRIPTIONES GRAECAE, GALLIAE, HISPANIAE, BRITANNIAE, GERMANIAE.**
vii + 170 pp. $25.00

This series grows from day to day and new volumes are presently in different stages of preparation. A simple postcard addressed to ARES PUBLISHERS INC. will bring by return mail our most recent catalogue (by FIRST CLASS in the US: By AIR MAIL overseas).

ARES PUBLISHERS Inc.
612 NORTH MICHIGAN AVE., SUITE 216
CHICAGO, ILLINOIS 60611

GREEK INSCRIPTIONS

Abbr.: IGA

INSCRIPTIONES GRAECAE ANTIQVISSIMAE; Praeter Atticas in Attica Repertas. *Hermeannus Roehl.*
ISBN 0-89005-221-2, viii. + 192pp. illustrated $25.00

Roehl's 'Corpus of the most ancient Greek inscriptions' (Abbr.: IGA) has been called 'the cornerstone of any epigraphical study on the archaic Greek inscriptions.' The inscriptions included in this volume were found in Greece, the islands, Asia Minor, Egypt and the rest of Africa, Sicily, Italy and Southern France.

What is most valuable for the user of this fundamental volume? Definitely the superb drawings accompanying each inscription. Not only do they allow the study of the form used for each letter in the different Greek alphabets, but also they teach the student how he should start to read the texts written in the archaic period and all the problems connected with their transcription, evaluation of the missing parts and restoration. (R. Berlin 1882).

Abbr.: IGM

INSCRIPTIONES GRAECAE METRICAE: Ex Scriptoribus praeter Anthologian Collectae. *Th. Prager.*
ISBN 0-89005-214-X. xxviii + 252pp. $25.00

Prager's collection (abbr. IGM) is a basic reference work for the classical scholar, the ancient historian and the epigraphist. It is a real "Corpus" of all the Greek metrical inscriptions mentioned by ancient writers in their works, which for one reason or the other have not been preserved in the original epigraphical texts, but only in their literary transcriptions.

Famous texts like the epigrams by Simonides for those who fell fighting at Marathon (IGM 199), Thermopylae (IGM 21), Salamis (IGM 6) etc., appear in the IGM accompanied by all the literary testimonia related to them. Epigrams written by famous poets (*Aeschylus* IGM 39,42; *Callimachus* IGM 113; *Euripides* IGM 9,220; *Pindarus* IGM 249; *Plato* IGM 235,267,268,276) to be inscribed on public or private monuments are also included, accompanied by a great number of other poems written by anonymous or little known poets for the same reason. Prager has also included all the Greek poems from the *Anthologia Palatina, Anthologia Pianudea* and *Anthologia Lyrica* which were copied at different times from their original inscriptions by known and unknown ancient writers.

Four indices and two concordances make the IGM a very easy to use reference. This reprint edition is the first to appear since the original publication (Leipzig 1891).

SAXA LOQUUNTUR. A Bibliography of Epigraphic Publications on Greek Inscriptions. *J.J.E. Hondius.*
ISBN 0-89005-116-X. 177pp. $10.00
J.J. Hondius provides an essential reference book for the epigraphist and the researcher in ancient history which tells him where new inscriptions, from each area were published AFTER the volumes of the IG series and how to find bibliography on numerous topics and types of inscriptions. A concise account of the principle *Hilfsmittel* for epigraphists, organized by subject, under museum headings, and geographically. The bibliography is extremely valuable for publications of inscriptions from areas not included in the IG series and for areas of not published volumes of the IG. (Leiden 1938).

INSCHRIFTEN GRIECHISCHER BILDHAUER. Greek Inscriptions Recording Names and Works of Ancient Sculptors. *Em. Loewy.*
ISBN 0-89005-112-7. 450pp. $25.00
The unique available *complete* (up to 1885) collection of Greek inscriptions recording names and works of ancient sculptors. Loewy's work remains the reference for art historians. Very valuable for the superb line drawings of the inscriptions and the prosopographical documentation of the sculptors from other sources. (R. Berlin 1885).

SIDELIGHTS OF GREEK HISTORY. *M. Tod.*
ISBN 0-89005-039-2. 96pp. $7.50
Using Greek inscriptions, Tod explains his immense knowledge of their characteristics and value as evidence in enlarging our knowledge of the lesser known aspects of the Greek world. With inscriptions he presents some fine examples of political and social life in ancient Greece and everyday matters in ancient times. (R. Oxford 1932).

ROYAL CORRESPONDENCE IN THE HELLENISTIC PERIOD. *H.B. Welles.*
ISBN 0-89005-019-8. 510pp. $20.00
In the fragmentary history of the Hellenistic world, one of our major sources of authentic history lies in the royal correspondence of the period. Thanks to the ancient custom of the ancient cities of inscribing important letters from Hellenistic kings and rulers on stone for public display, many authentic letters containing historical information—unavailable from other sources—have survived to our own times.

H.B. Welles collected all those texts, classified them and provided for each one of them a long commentary, notes and bibliography. (R. London 1934).

INSCRIPTIONES GRAECAE PTOLEMAEICAE I. Sammlung Griechischer Ptolemaer-Inschriften. *Max L. Strack.*
ISBN 0-89005-171-2. 120pp. $15.00
The first collection of Ptolemaic inscriptions not limited to the political boundaries of the Empire, but including inscriptions from all areas which came under the radiating influence of its culture. Also appearing is an appendix which includes tables for the "Names and Epithets of the Kings," his "Chronological List of the Kings," plus several commentaries. (R. Berlin 1897).

GREEK ABBREVIATIONS. *Al. N. Oikonomides* (Ed.)
ISBN 0-89005-049-X. 214pp. $15.00

This handbook includes: *Abbreviations in Greek Inscriptions* by M. Avi-Yonah, F.G. Kenyon's *Abbreviations and Symbols in Greek Papyri*, T.W. Allen's *Abbreviations in Early Greek Printed Books* by Ostermann and Giegengack. This is the first and only compendium to cover the abbreviations used in *all* the written sources of the Greek language.

The epigraphist and the student of ancient history as well as the numismatist studying the Greek coin-inscriptions will discover that the handbook will soon become one of the most used volumes of their personal reference library.

Abbr.: IGRR

INSCRIPTIONES GRAECAE AD RES ROMANAS PERTINENTES

Ediderunt: *R. Cagnat, J. Toutain, P. Jouguet et G. Lafaye.*

A SET OF THREE VOLUMES CONTAINING A TOTAL OF **2,184** PAGES.
ISBN 0-89005-073-2 .... $75.00

How important was the Greek language in the Roman empire, only the user of this set can actually visualize. Not only in the Eastern provinces but in Italy, Sicily and the Roman West an enormous number of Greek inscriptions of all kinds (starting from Letters of Emperors and other high officials of the Imperial government and ending with simple dedications and epitaphs) has been found. The information provided to the scholars from this invaluable group of epigraphical texts is of immense value and complete in many cases the evidence available from the Latin Inscriptions.

Vol. I (et II), 688pp. Inscriptiones Europae et Africae
Vol. III, 695pp. Inscriptiones Asiae: Part i
Vol. IV, 743pp. Inscriptiones Asiae: Part ii

Beautifully bound in red-cloth, gold-stamped. (R. Paris 1911-1927).

Abbr.: IGEg
INSCRIPTIONES GRAECAE AEGYPTI

Ares publishers is proud to announce a new series, *Inscriptiones Graecae Aegypti*. We have undertaken this project for a number of reasons, but principally because the Greek Inscriptions of Egypt were never included in the *Inscriptiones Graecae* series, an omission which we believe hinders scholars who wish to study and to improve the texts already published. Should a scholar who does not have access to a truly *major* library either in the U.S.A. or abroad try simply to check a reference to a Greek Inscription of Egypt or wish to examine the text itself, he or she would find it a very time-consuming task. Ares again demonstrates that it is, indeed, committed to providing scholars and libraries with affordable and 'hard-to-find' reference works of the best quality.

The set of five volumes $125.00

Vol. I. INSCRIPTIONES NUNC CAIRO IN MUSEO
Catalogue Général des Antiquités Égyptiennes du Musée du Caire: Nos. 9201-9400, 26001-26123, 33001-33037. Greek Inscriptions. Edidit *J.G. Milne* (1905)
ISBN 0-89005-127-5 169 pp. $25.00

Vol. II. INSCRIPTIONES NUNC ALEXANDRIAE IN MUSEO
Catalogue Général des Antiquités Égyptiennes: Musée D'Alexandrie: Nos. 1-568. Greek and Latin Inscriptions. Edidit *E. Breccia* (1911)
ISBN 0-89005-242-5. xxx + 276 pp. $25.00

Vol. III. INSCRIPTIONES 'MEMNONII'' BESAE ORACVLI AD ABYDVM THEBAIDIS
Les Graffites Grecs du Memnonion D'Abydos: Nos. 1-658. Ediderunt *P. Pedrizet* and *G. Lefebvre* (1919).
ISBN 0-89005-243-3. xxv + 123 pp. $25.00

Vol. IV. INSCRIPTIONES NOMINVM GRAECORVMET AEGYPTIACORVM AETATIS ROMANAE, INCISAE SIVE SCRIPTAE IN TABELLIS. "MVMMY LABELS."
Aegyptische und Griechische Eigennamen aus Mumienetiketten der Römischen Kaiserzeit. Edidit *W. Spiegelberg* (1901)
ISBN 0-89005-244-1. 130 pp. + Tables $25.00

Vol. V. INSCRIPTIONES CHRISTIANAE AEGYPTI.
Recueil des Inscriptions Grecques-Chrétiennes D'Égypte. Edidit *G. Lefebvre* (1907)
ISBN 0-89005-248-4. xl + 176 pp. $25.00

All Volumes 8½ x 11" Hardbound and Gold-Stamped

Abbr.: IG I² and IG II/III²

INSCRIPTIONES GRAECAE
[Editio Minor]
INSCRIPTIONES ATTICAE

Ediderunt: F. Hiller de Gaertringen, I. Kirchner

A SET OF FIVE VOLUMES CONTAINING A TOTAL OF **2,952** PAGES.
ISBN 0-89005-013-9 .... **$125.00**

The Inscriptions of Ancient Athens and Attica form the most popular among epigraphists and classical scholars series of Greek inscriptions. For a long time nobody thought they would be able to add this set to their personal libraries, but we made it possible. In our reprint, the complete contents of the seven original bulky tomes are offered in five handy cloth-bound and gold-stamped volumes.

A must for every classical scholar's library, the inscriptions contained in those five volumes offer not only little known poetry and prose from unknown and known Athenian writers but also a big number of public administration documents and texts providing new views on what is known about the government of the Athenian state and the private life of its population (from the sixth c. B.C. to the sixth century of our era).

IG I²: INSCRIPTIONES ATTICAE Euclidis Anno Anteriores. Ed. F. Hiller de Gaertringen (R. 1924) **$25.00**
IG II²: INSCRIPTIONES ATTICAE Euclidis Anno Posteriores (1-1369) (1-1369 + Add. Corr.) Ed. I. Kirchner (R. 1913-1916) **$25.00**
IG II²: (1370-2788 + Arch. Tab. + Add. Corr.) Ed. I. Kirchner (R. 1927-1931) **$25.00**
IG II²: (2789-5219 + Ind. I, Arch. Tab. etc.) Ed. I. Kirchner (R. 1935) **$25.00**
IG II²: (5220-13247 + Add. + Add. Nova etc.) ED. I. Kirchner (R. 1940) **$25.00**

CHOIX D'INSCRIPTIONS DE DELOS. Felix Durrbach (Ed.)
ISBN 0-89005-190-9. viii + 294pp. Two Volumes bound in one **$25.00**

A selection of the most important Greek historical inscriptions found during the excavating of sites on the island of Delos. With excellent commentaries and a detailed index. The inscriptions of Delos included in this volume (the only one published from the projected by the editor series) are especially interesting to the historians of the Hellenistic period and the later Greco-Roman period. (R. Paris 1921/2)

Abbr.: SIA

SUPPLEMENTUM INSCRIPTIONUM ATTICARUM

SUPPLEMENTUM INSCRIPTIONUM ATTICARUM I,
IG I^2, II/III^2 *Paraleipomena et Addenda.* Ed. Al. N., Oikonomides S.I.A.I. adds to the I.G. series a great number of inscriptions (Ed. R. Wuensch, W. Peek, G. Stamiris) found in Athens and Attica before 1940, but not included in the IG series, as well as 1133 new inscriptions, readings, and restorations published between 1941 and 1957.
ISBN 0-89005-126-7, pp. x + 504 + 34 + 68. ...$25.00

SUPPLEMENTUM INSCRIPTIONUM ATTICARUM II,
IG I^2, II/III^2 *Paraleipomena et Addenda.* Ed. Al. N., Oikonomides S.I.A. II contains the *addenda* to I.G. 1^2 + II/III^2 that J.J.E. Hondius published in his *Novae Inscriptiones Atticae* and in the first three volumes of *Supplementum Epigraphicum Graecum.* This volume also includes the lengthy and important review-article of I.G. II^2, *pars prima*, Berlin 1913, (Ed. J. Kirchner) containing the decrees of the years 403/2-230/29, by A.C. Johnson in Classical Philology 9, 1914.
ISBN 0-89005-249-2, pp. xvi + 300 [approx.] ...$25.00

SUPPLEMENTUM INSCRIPTIONUM ATTICARUM III,
IG I^2, II/III^2 *Paraleipomena et Addenda,* Ed. Al. N., Oikonomides............................$25.00

Standing Orders Accepted.

Abbr.: IG, IV I^2

INSCRIPTIONES GRAECAE
[Editio Minor]
INSCRIPTIONES EPIDAURI

Edidit: *Fr. Hiller de Gaertringen*

ISBN 0-89005-207-7. xxxix + 220pp. + 4 plates (R. 1929) **$25.00**

The volume contains all the inscriptions discovered in the excavations of the famous sanctuary of Apollo and Asklepios near the ancient city of Epidaurus. A group of Greek texts that revised our knowledge about ancient medicine and its practices and added also some very valuable hymns to the 'Anthologia Lyrica' (*Issyllos of Epidaurus*, etc.).

RECUEIL D'INSCRIPTIONS GRECQUES. Supplements 1912-1927. Inscriptiones Atticae in *RIG* **(Suppl.).** Ch. Michel
ISBN 0-89005-110-0. 235pp. $25.00
This previously hard-to-come-by source book is a must for any classical scholar and a necessary edition to any library's collection. Many of the inscriptions included are not found in the IG I^2 and IG II/III^2 or the early volumes of the *Supplementum Epigraphicum Graecum*.

SELECT GREEK INSCRIPTIONS: Auswahl aus Griechischen Inschriften. R. Helbing.
ISBN 0-89005-202-6. 138pp. $10.00
Helbing's AGI can be called the most unknown instructive collection of Greek Inscriptions planned to give to those who study the ancient world an idea of the enormous amount of information available from the epigraphical sources.

The collection includes 37 important documents, accompanied by detailed notes and commentaries (Text in the original Greek, notes and commentary in German). What makes this collection different is the wide range of interests covered by the inscriptions selected by Helbing. It includes documents such as: The treaty between Eleans and Heraeans (570 B.C.). The letter of Alexander the Great to the Chians (332 B.C.). The speech of the emperor Nero to the Greeks at Corinth (67 A.D.). The 'Chronicle' of Silko king of Nubia (6th c.A.D.) and many other interesting texts not included in other similar collections. (R. Berlin 1915).

HISTORISCHE ATTISCHE INSCHRIFTEN. Ernst Nachmanson.
ISBN 0-89005-113-5. 88pp. $10.00
One of the best reference collections of historical inscriptions from Athens and Attica, this is a very important work for the student of Athenian history, archaeology and topography. The collection covers the period 600 B.C. to 500 A.D. Valuable for introductory courses in Greek Epigraphy. (R. Bonn 1913).

Prosopography

SLAVES IN ANCIENT GREECE: A Prosopography from the Manumission Inscriptions. Linda Collins Reilly
ISBN 0-89005-223-9. 200 pp. $25.00
The first complete attempt to form a prosopography of Greek slaves known from manumission inscriptions. This new work is for the first time published by ARES PUBLISHERS as a part of the program for the encouragement of studies on Greek Epigraphy and Prosopography.

This new prosopography is valuable not only because it establishes for the user how common were some of the slave-names, but also it gives a realistic picture about how little we know about slaves and slavery in the Greek World.

FOREIGNERS IN ATTIC INSCRIPTIONS. A Prosopography Under Ethnics.
H. Pope.
ISBN 0-89005-106-2. 231pp. (R. 1947) $20.00

NON-ATHENIANS IN ATTIC INSCRIPTIONS. An Alphabetical Prosopography.
H. Pope.
ISBN 0-89005-105-4. 173pp. (R. 1935) $15.00

In these two interesting works, which form a prosopography of all known non-Athenians and foreigners recorded in inscriptions found in Athens and Attica, the scholar will find a very important index to the set of *Inscriptiones Graecae*. This prosopography is of immense value to the historian, for it offers a rare opportunity to examine various cases of international law, the process of naturalization, the rights of non-Athenians, as well as the participation of these people in Athenian public and private life.

HOPLITE GENERAL IN ANCIENT ATHENS & THE GENERALS OF THE HELLENISTIC AGE. *Th. Sarikakis.*
ISBN 0-89005-102-X. 162pp. $15.00

A prosopography listing alphabetically all the Athenians who held the important post of hoplite general, accompanied by a monograph by the same author examining all known references to Athenian generals in the Hellenistic period. Both works have never before been available to scholars and libraries and they are very helpful for scholars working on Athenian history and epigraphy of the Hellenistic and Greco-Roman period. (R. 1951, 1953).

ETYMOLOGICAL LEXICON OF CLASSICAL GREEK. *E.R. Wharton.*
ISBN 0-89005-033-3. 192pp. $10.00

Authorative and handy classical Greek-English dictionary that includes many rare dialect forms and the roots of foreign words in the classical Greek language. A special section carefully analyzes the growth, change and structure of classical Greek, composition of compound nouns and pronunciation. (R. London 1882).

Latin Inscriptions

LATIN EPIGRAPHY. An Introduction to the Latin Inscriptions of the Roman Empire. *J.E. Sandys.*
ISBN 0-89005-062-7. 324pp. + xxiv. $15.00

The standard introductory treatise on Latin inscriptions, their interpretation, and value as authentic sources of history. This is a leading source book in the field and contains an extensive listing of abbreviations and a complete record of *cursus honorum* of every emperor. (R 2nd Ed. London 1927).

LATIN HISTORICAL INSCRIPTIONS ILLUSTRATING THE HISTORY OF THE EARLY EMPIRE. *G. McN. Rushforth.*
ISBN 0-89005-179-8. 144pp. $10.00
A representative selection of Latin historical inscriptions intended to provide information on the Early Roman Empire (from Augustus to Vespasian). Among the 100 inscriptions included in Rushforth's collection are some of the most important epigraphical sources for the history of this period. (R. 2nd ed. London 1930).

ETYMOLOGICAL DICTIONARY OF LATIN. *T.G. Tucker.*
ISBN 0-89005-172-0. 308pp. $20.00
The best and most important comprehensive one-volume Latin etymological dictionary. Accompanied by two special indices of Greek and English words derived from Latin. A necessary reference for Latin authors and inscriptions. (R. Halle, 1931).

THE COIN INSCRIPTIONS AND EPIGRAPHICAL ABBREVIATIONS OF IMPERIAL ROME. *H. Cohen, J.C. Egbert & R. Cagnat.*
ISBN 0-89005-227-1. xii + 76pp. + 140pp. $15.00
A manual planned to provide a *sine qua non* reference book for the student of Latin inscriptions and Latin coin-inscriptions. The most complete alphabetical list of the Epigraphical Abbreviations provides a key for the reading of the obverse coin-inscriptions of the Roman Emperors (as well as the Imperial inscriptions on stone or bronze). Supplemented by the most complete alphabetical list of Latin coin-inscriptions (actually a 'Corpus') appearing on the reverses of all known Roman Imperial issues, (each 'inscription entry' with direct references to 'who has used it'). With a preface by L. Bolchazy.

Greek and Latin Inscriptions of Christian Interest

CHRISTIAN EPIGRAPHY. *Orazio Marucchi.*
ISBN 0-89005-070-8. 472pp. $20.00
With its new, enlarged format, this is the best guide to the formulas used to interpret and date early Christian documents, symbols and abbreviations. Richly illustrated, Marucchi's work is the only available introductory handbook in English which examines the field of early Greek and Latin Christian inscriptions in depth. (R. Cambridge 1911).

Egyptian Hieroglyphic and Assyrian Cuneiform Inscriptions

EGYPTIAN LANGUAGE: EASY LESSONS IN EGYPTIAN HIEROGLYPHICS.
E.A. Wallis Budge.
ISBN 0-89005-095-3. x + 246pp. (R. 1906) .. Ppb. $6.00 - Hardbound $10.00
    An easy introduction to the study of the ancient Egyptian language and hieroglyphic inscriptions. A lengthy list of hieroglyphic characters, telling both their value as idiograms and as phonetics. Shows how to decipher the ancient hieroglyphics, and gives selections from Hieroglyphic texts.

EGYPTIAN HIEROGLYPHIC GRAMMAR: With Vocabularies, Exercises, Chrestomathy (A First Reader) Sign-List and Glossary. *S.A.B. Mercer.*
ISBN 0-89005-203-4, viii + 184pp. (R. 1926) $12.50
    Mercer's grammar was a product of his experience in teaching Oriental Languages. His basic idea in writing was that "the beginner needs a textbook which is both simple and also supplied with exercises" and that "the larger grammars are reference books and unsuited for the use of beginners."
    Mercer divided his 'Grammar' into chapters or lessons, and supplied each chapter with copious exercises. He supplied also a fine selection of hieroglyphic texts forming a reader for the student, added a Sign-List with explanations of the signs and finally a Glossary translating the Egyptian words in English.
    For the student who wishes to learn how to read and write the hieroglyphics and understand also the words and sentences formed by them, Mercer's book is an invaluable help.

CATALOGUE OF THE EGYPTIAN HIEROGLYPHIC PRINTING TYPE.
Alan H. Gardiner.
ISBN 0-89005-098-8. (R. 1928) $6.00
    An amazing collection of tables which provide instant identification of all the Egyptian hieroglyphs. Arranged by type, such as "Gods," "Goddesses," "Birds," "Parts of Animals," a glance at the index shows exactly where to find the hieroglyphs which you wish to decipher. Useful introductory section and listing of Egyptian alphabet.

EGYPTIAN READINGBOOK: Exercises and Middle Egyptian Texts. *Selected & Edited by Dr. A. De Buck.*
ISBN 0-89005-213-1, 220pp. — ½ x 11 (R. 1948) $20.00
    The Egyptian Readingbook, compiled by one of the best Egyptologists of the University of Leyden, is a unique collection of literary, religious, and private texts written in hieroglyphics. The student who has worked with Budge's, *Egyptian Language* or Mercer's *Grammar* needs the texts in the 'Readingbook' for study and practice. Many selections from famous historical inscriptions.

ORDER FORM

Author	Title	Price
	Total Books	
Postage and Handling Extra. *Minimum Charge $1.00*		
	TOTAL	

Directions For Ordering and Payment

For Fast, Economical and Convenient service order directly from: John Corvin Order Dept./Ares Publishers Inc./612 North Michigan Ave., Suite 216/Chicago, Illinois 60611.

Personal Checks on U.S. Banks only are accepted for payment of orders. Overseas customers please pay by check in U.S. Funds drawn on an American Bank or with an International Postal Money Order. Customers anywhere in the world may charge purchases to Visa Card or Master Charge Card.

Postage and Handling Extra *Minimum Charge $1.00*

☐ VISA |_|_|_|_| |_|_|_|_| |_|_|_|_| |_|_|_|_| Expiry |_|_|_|_|

☐ Master Charge |_|_|_|_| |_|_|_|_| |_|_|_|_| |_|_|_|_| Expiry |_|_|_|-|_|_|

☐ Signature _____ Copy number above your name on ▶ Mastercharge |_|_|.|_|_|_|

NAME _____

ADDRESS _____

ARES PUBLISHERS Inc.
**612 NORTH MICHIGAN AVE., SUITE 216
CHICAGO, ILLINOIS 60611**